Histoire du livre

ALBERT LABARRE
Conservateur général honoraire
à la Bibliothèque Nationale de France

Huitième édition mise à jour

47e mille

ISBN 2 13 051992 X

Dépôt légal — 1re édition : 1970
8e édition mise à jour : 2001, juin
© Presses Universitaires de France, 1970
6, avenue Reille, 75014 Paris

INTRODUCTION

Cet objet que l'Orient antique conservait sous la forme de tablettes d'argile, que les Grecs et les Romains déroulaient sous leurs yeux, que le Moyen Âge enchaînait à des pupitres, que nos ancêtres prenaient en main et que nous pouvons maintenant mettre dans notre poche, le livre, a pris une telle place dans l'expression de la pensée et la conservation de toute connaissance qu'il mérite une étude particulière.

Il est pourtant malcommode d'essayer de le définir exactement, sans se restreindre à une conception trop étroite ni divaguer dans un domaine trop large. Si l'on demande à l'homme de la rue ce qu'est un livre, sa réponse ne s'appliquera souvent qu'à l'imprimé et sera proche des définitions empiriques que l'on trouvait, en 1882, chez Littré : « Réunion de plusieurs feuilles servant de support à un texte manuscrit ou imprimé » ; en 1931, dans l'*Art du livre* de Malo-Renault : « Réunion de cahiers imprimés, cousus ensemble et placés sous une couverture commune » ; et, en 1962, encore, dans le *Grand Larousse encyclopédique* : « Ensemble de feuilles imprimées et réunies en un volume broché ou relié. »

Ces définitions sont trop actuelles et trop étroites ; le livre a connu d'autres formes que le *codex* et la découverte de Gutenberg n'est qu'un avatar dans sa longue histoire. Pour définir le livre, il faut faire appel à trois notions dont la conjonction est nécessaire : support de l'écriture, diffusion et conservation d'un texte, maniabilité. Le livre est d'abord support de l'écriture ; ainsi les tablettes d'argile sumériennes, les

3

papyrus égyptiens, les rouleaux de la Rome antique, les manuscrits médiévaux, nos imprimés et aussi les microfilms peuvent-ils être considérés comme des livres, malgré la grande variété des supports et des formes. L'idée du livre est aussi associée à celle d'édition, c'est-à-dire à la volonté de diffusion d'un texte et au désir de sa conservation ; c'est ainsi que le livre se distingue de tous les écrits privés, de la lettre à l'acte notarié, que l'on range généralement parmi les documents d'archive. Enfin le livre doit être maniable, alors que tous les supports de l'écriture ne le sont pas ; de nombreux textes ont été gravés dans la pierre ; il ne viendrait pourtant à l'idée de personne de considérer l'obélisque de la place de la Concorde comme un livre. La définition donnée par la *Grande encyclopédie,* en 1895, rassemblait ces trois aspects en une formule succincte : « Reproduction écrite d'un texte... destiné à la divulgation sous une forme portative. »

Le livre peut paraître un sujet d'étude limité ; c'est en réalité un phénomène complexe ; si l'on perçoit sa variété et la diversité des points de vue sous lesquels on doit l'envisager, il faut aussi sentir son unité et l'amputation dont il souffre quand on sacrifie certains de ses aspects pour en mettre d'autres mieux en valeur.

Le livre apparaît d'abord comme un objet : produit fabriqué, denrée commerciale, objet d'art. Produit fabriqué, il participe à l'histoire des techniques et l'on doit considérer ses supports, son écriture, les procédés de sa fabrication. L'étude du livre, denrée commerciale, ouvre des perspectives économiques et sociologiques ; elle englobe le domaine de l'édition, de la préparation et de la diffusion des ouvrages, des facteurs qui favorisent ou entravent cette diffusion, de l'organisation des métiers du livre. Objet d'art ou de collection, le livre peut valoir par la beauté de sa présentation, son illustration, sa reliure.

Tout cela ne concerne que l'aspect extérieur du livre ; mais il est avant tout texte, c'est sa raison d'être. Il fut longtemps, le principal, voire l'unique moyen de diffusion et de conservation des idées et des connaissances, participant ainsi à l'histoire de la civilisation et de la culture. Les données statistiques sur sa diffusion en laissent une partie dans l'ombre, car elles s'en tiennent au point de départ d'un circuit. On ne peut tirer des conclusions des chiffres de tirage des éditions, si une partie des exemplaires a été détruite pour des motifs politiques ou religieux, si d'autres ont circulé dans diverses mains par le commerce de revente, ont pourri sur les quais de la Seine ou ont servi à envelopper diverses denrées. Le livre trouve son aboutissement normal entre les mains de ses lecteurs ; il n'y a de livre complet que le livre lu. C'est aborder le domaine de la « sociologie de la lecture », qui s'étend aussi au passé par l'étude des anciennes bibliothèques privées et par celle des usages du livre et des attitudes à son égard. Les variations de sa forme et de sa présentation ont conduit les lecteurs à changer leurs façons de l'aborder et de le ranger, questions que des recherches iconographiques aideraient à élucider.

Complexe et variée, l'histoire du livre ne peut être traitée que sommairement dans ces pages, en s'en tenant à des généralités. Certaines questions ne sont qu'évoquées, surtout lorsque des volumes de la présente collection les ont abordées. Les détails qui ont été conservés ne le sont qu'à titre d'exemples pris parmi d'autres.

Chapitre I

LES ORIGINES DU LIVRE

Le livre est lié à l'écriture, mais non au langage et à la pensée. Si l'écriture a constitué pendant longtemps le principal moyen de fixation du langage et de conservation de la pensée, le développement actuel des techniques audiovisuelles nous rappelle qu'il y en a d'autres ; un disque ou une bande magnétique ne sont pas des livres. Il conviendrait donc de rechercher les origines de l'écriture et de suivre sa lente genèse pour savoir à quelle étape le livre a surgi, mais de nombreux ouvrages ont déjà traité ce problème.

Rappelons seulement que c'est entre le LXe et le IVe millénaire avant notre ère que l'écriture s'est constituée. On peut considérer comme une démarche préliminaire l'art rupestre des hommes de l'époque glaciaire, dans lequel l'image devient peu à peu signe par la schématisation. Puis cette image-signe évolue ; de la pictographie naissent tous les vieux systèmes d'écriture : cunéiformes sumériens, puis mésopotamiens, hiéroglyphes égyptiens, créto-minoens, hittites, caractères chinois ; c'est le stade des idéogrammes où les représentations ne suggèrent plus seulement des objets, mais aussi des idées abstraites. Dans une étape postérieure, l'écriture s'accorde peu à peu au langage pour aboutir aux signes phonétiques qui sont des symboles de sons ; il y a d'abord des systèmes où chaque son correspond à un signe (aux Indes par exemple), puis des systèmes syllabiques, enfin des écritures consonantiques qui se développent à travers le Moyen-Orient pour aboutir à l'alphabet, en Phénicie, peut-être dès le XVIe ou le XVe siècle avant J.-C. Au

IXe siècle avant J.-C., les Grecs adoptent l'alphabet phénicien, y ajoutent les voyelles et ordonnent l'écriture de la gauche vers la droite ; c'est de cet alphabet que sont issus l'alphabet latin et les alphabets modernes.

L'apparition du livre est liée aux supports de l'écriture. Le plus ancien semble être la pierre, depuis les pictographies rupestres jusqu'aux stèles et inscriptions de l'ancien Orient et de l'Antiquité classique. On a d'ailleurs gardé l'habitude d'inscrire sur la pierre, pour conserver le souvenir des grands événements, des formules que l'on a justement nommées lapidaires ; l'étude de ces textes, qui ont une valeur documentaire évidente, s'appelle l'épigraphie. Mais nous ne sommes pas encore là dans le domaine du livre ; les inscriptions monumentales ne sont guère maniables et portatives. C'est le bois qui fut sans doute le premier support de livres véritables ; les mots qui désignent le livre en grec, *biblos,* et en latin, *liber,* avaient comme premier sens *écorce d'arbre,* et le caractère qui désigne encore le livre en chinois le figure sous la forme de tablettes de bois ou de bambous. Cela signifie que, dans la mémoire collective des peuples qui ont forgé ces mots, cette matière apparaissait comme le premier support du livre. Signalons aussi les mystérieuses tablettes de bois de l'île de Pâques, difficilement datables. Autre support ancien du livre, l'argile est employée en Mésopotamie, dès le IIIe millénaire avant notre ère ; on traçait des caractères dans des tablettes d'argile encore molles et humides, au moyen d'un instrument triangulaire ; c'est pour cela que l'écriture des Sumériens et des Assyriens affecte la forme de coins (écriture cunéiforme) ; on cuisait ensuite ces tablettes au four pour les durcir. Nous avons conservé bien plus de documents en argile qu'en bois. On a retrouvé à Nippur, dans le pays de Sumer, des tablettes remontant au IIIe millénaire ; 22 000 tablettes datant du VIIe siècle avant J.-C. ont été découvertes à Ninive où elles constituaient la bibliothèque et les archives des rois d'Assyrie. On sait qu'il existait d'autres bibliothèques importantes chez les Sumériens, les Babyloniens et les Assyriens. La fabrication des livres était organisée ; les temples de Babylone et de Ninive possédaient déjà des ateliers de copistes. Les tissus ont aussi servi de support à l'écriture, notamment la soie sur laquelle les Chinois écrivaient à l'aide d'un pinceau, et la toile, d'après des indications données par des écrivains latins. Enfin, des matières fort diverses ont été aussi utilisées dans des temps anciens ; les Chinois se sont servis de l'os, de l'écaille, du bronze ; les sémites et les Grecs gravaient aussi des textes brefs sur des coquilles ou des fragments de poterie, les *ostraca* ; citons encore les feuilles de palmier qui, séchées et frottées d'huile, ont été employées pendant des siècles, aux Indes notamment, ou des matières dures comme l'ardoise, les briques, l'ivoire, l'os, des métaux divers, etc. Mais les principaux supports du livre antique étaient le papyrus et le parchemin.

Le papyrus est une plante croissant sur les bords du Nil et dans les marais de son delta. On extrayait la moelle des tiges sous forme de bandes que l'on disposait les unes à côté des autres en couches perpendiculaires ; on mouillait le tout, on le pressait, on le faisait sécher au soleil ; puis on battait les feuilles pour mieux faire adhérer les deux couches, on passait une pellicule de colle sur leur surface pour faciliter l'écriture ; on les découpait enfin en morceaux de 15 à 17 cm de haut. Il existait plusieurs qualités de papyrus, depuis le hiératique, réservé aux livres sacrés, jusqu'à l'emporétique, papyrus grossier servant à l'emballage. Pour écrire, on utilisait des tiges de roseau taillées en biais ou en pointe (calames) puis, plus tard, la plume, généralement d'oiseau. L'encre était fabriquée avec du noir de fumée ou du charbon de bois additionné d'eau et de gomme avec du liquide de seiche ; il existait aussi une encre rouge à base de sels minéraux. L'écriture n'était pas celle des hiéroglyphes, mais une forme plus rapide et plus facile, mieux adaptée au support, le *hiératique* ou écriture sacerdotale, ce qui rappelle que les ateliers de scribes faisaient partie des temples ; plus tard vint le *démotique,* écriture encore plus simplifiée ; enfin, le grec fut employé fréquemment pendant les périodes hellénistique et romaine et, au IIIe siècle de notre ère, apparut le *copte*, adaptant les caractères grecs à la langue égyptienne.

Les plus anciens papyrus datent du milieu du IIIe millénaire, mais certains hiéroglyphes laissent à penser que son emploi était plus ancien. Le papyrus resta le support essentiel du livre en Égypte et se répandit dans le monde grec et dans l'Empire romain ; il survécut jusqu'au Xe ou XIe siècle de notre ère où il n'était plus guère employé que par la chancellerie romaine. Les papyrus qui nous sont parvenus ne représentent qu'une infime partie de ceux qui ont existé. Presque tous proviennent d'Égypte où les conditions climatiques ont facilité leur conservation ; il a fallu attendre 1962 pour que soit retrouvé un papyrus sur le sol de la Grèce ; quant à ceux d'Herculanum, ils ont été carbonisés et il ne faut pas compter en tirer grand-chose. Le livre de papyrus se présentait sous la forme d'un rouleau constitué de feuilles collées les unes à la suite des autres, souvent au nombre de vingt. La longueur moyenne d'un rouleau était de 6 à 10 m, mais le papyrus Harris (chronique du règne de Ramsès III) dépasse 40 m et la littérature byzantine mentionne des papyrus d'une centaine de mètres. Le livre se déroulait horizontalement ; il était divisé en colonnes verticales et presque toujours écrit d'un seul côté, celui du sens horizontal des fibres. Le titre se trouvait à la fin, parfois à l'intérieur, ou encore sur une étiquette pendant du cylindre enrouleur. La plupart des livres en papyrus qui nous restent de l'ancienne Égypte ont été retrouvés dans des tombeaux ; on déposait auprès des corps des textes sacrés, des prières pour protéger les pérégrinations des âmes des défunts : c'est l'origine du *Livre des morts,* connu dès le début du IIe millénaire. Ce texte, devenu conventionnel, était fabriqué en série par des prêtres ; les exemplaires étaient plus ou moins illustrés selon la qualité des défunts à qui on les destinait. Le trafic du livre des morts est le principal vestige que nous ayons conservé d'un commerce du livre en Égypte.

Le cuir et la peau de divers animaux sont aussi d'anciens supports de l'écriture, tant en Orient que chez les Grecs, mais le parchemin est tout autre chose. L'invention légendaire en est attribuée à Eumène II, roi de Pergame en Asie Mineure, qui voulait échapper au monopole égyptien du papyrus. Ce qui est certain c'est que, vers le IIIe siècle avant J.-C., on commença à faire subir aux peaux de bête un traitement destiné à les rendre plus aptes à recevoir l'écriture et que Pergame fut sans doute un centre important de fabrication de cette nouvelle matière que l'on nommait en latin *pergamineum,* ce qui a donné le français *parchemin.* On utilisait des peaux de mouton, de veau, de chèvre, de bouc, voire d'âne ou d'antilope, et on leur faisait subir une préparation dont les modalités ont peu varié jusqu'au Moyen Âge.

Les peaux étaient lavées, séchées, étirées, étendues sur le sol, le poil en dessous, enduites de chaux vive du côté chair ; puis on pelait le côté poil et on empilait les peaux dans un tonneau rempli de chaux ; enfin, on les lavait, on les faisait sécher en les étendant, on les amincissait, on les polissait et on les découpait à la taille voulue. Le parchemin était à la fois une matière plus solide et plus souple que le papyrus et permettait de gratter et d'effacer. Cependant l'usage s'en généralisa lentement et ce n'est qu'au IVe siècle de notre ère qu'il supplanta complètement le papyrus pour la confection des livres. Il restait d'un prix élevé à cause de la rareté relative de la matière première, en raison aussi du coût de la main-d'œuvre et du temps que demandait sa préparation.

Chapitre II

LE LIVRE DANS L'ANTIQUITÉ GRÉCO-ROMAINE

I. – Les conditions générales

Pour comprendre le livre antique, il faut se libérer des conceptions modernes sur l'édition. Chaque livre était alors une entité, car il n'existait pas de méthode pour composer à volonté des exemplaires nombreux et identiques. Cela pose le problème de la transmission de textes soumis aux variantes qui différenciaient les diverses copies d'une œuvre. Ces variantes pouvaient résulter d'erreurs de scribes ou des corrections que l'auteur apportait à son texte entre plusieurs copies.

Le rouleau de papyrus, forme traditionnelle du livre antique, s'appelait *volumen* en latin. Entre le IIe et le IVe siècle de notre ère, il a été progressivement supplanté par le *codex,* fait de feuilles encartées et pliées pour former des cahiers joints les uns aux autres. Depuis cette époque, le livre a toujours conservé cette forme ; mais notre langue donne aux mots *volume* et *code* des sens qui s'écartent de leur origine. Il s'agit d'une mutation capitale dans l'histoire du livre, plus importante peut-être que celle que lui fera subir Gutenberg, car elle atteignait le livre dans sa forme et obligeait le lecteur à changer complètement son attitude physique. La consultation d'un *volumen* était mal pratique ; il fallait le dérouler latéralement devant soi et il était difficile de se reporter d'une partie du texte à une autre. Il était encombrant et devait être tenu à deux mains, ce qui ne permettait pas de prendre des notes de lecture comme on le fera plus tard.

On a souvent lié cette transformation à la substitution progressive du parchemin au papyrus, qui s'effectuait à la même époque. Le *codex* convenait peu au papyrus, assez cassant, et où l'on ne pouvait écrire que sur une seule face. Le prix des matières a pu être aussi déterminant ; le papyrus revenait plus cher que le parchemin et il avait une zone de production limitée, l'Égypte. Nous savons aussi que les Romains utilisaient des tablettes de bois, enduites de cire, à la manière dont nous utilisons les ardoises ; il arrivait que ces tablettes soient assemblées par deux ou en plus grand nombre *(polyptychon)*, forme qui aurait pu inspirer le *codex*. La solidité et la souplesse du parchemin permettaient de lui donner une forme plus pratique et plus maniable ; il constituait une forme portative du livre, bien appropriée aux serviteurs du culte, magistrats, fonctionnaires, voyageurs, écoliers. Il a eu aussi des conséquences sur la mise en page du texte avec quatre marges permettant le développement des commentaires et des scholies.

Les droits d'auteur et d'éditeur étaient inconnus de l'Antiquité. Tout écrivain pouvait confier la reproduction de son texte à plusieurs éditeurs simultanément. Tout possesseur d'un livre pouvait le faire recopier comme il le voulait et même y faire des adjonctions et des modifications. « Quand tu as livré un volume de poésie, tu as perdu tout droit dessus ; une fois qu'un discours est publié, c'est une chose qui appartient à tout le monde », écrivait Symmaque à Ausone, au IVe siècle. Il n'y avait pas d'honoraires pour les auteurs. Les éditeurs tiraient de l'argent de leurs œuvres. Les auteurs en recevaient gloire et renommée : « Voilà l'ouvrage qui fait la fortune des Sosii, l'ouvrage qui passe même au-delà des mers et fait vivre l'auteur dans la postérité », écrivait Horace.

La censure, qui a pesé sur toute l'histoire du livre, existait déjà. Nous savons par Diogène Laërce, que les œuvres de Protagoras furent brûlées en 411 avant J.-C., sur une place d'Athènes ; Auguste exila le poète Cornelius Gallus ; Caligula songea même à détruire les poèmes d'Homère et peu ne s'en fallut qu'il ne fît retirer des bibliothèques les écrits et les portraits de Virgile et de Tite-Live. Les persécutions contre les chrétiens s'attaquèrent aussi à leurs livres ; un édit de Dioclétien, en 303, ordonnait de les brûler ; quelques années après, Constantin poursuivait l'hérétique Arius jusque dans ses écrits ; des ouvrages de Porphyre furent aussi détruits.

II. – Le livre dans la Grèce classique

Les renseignements sur le livre dans la Grèce classique sont rares et fragmentaires. Si l'on s'accorde à penser que le livre existait déjà à l'époque homérique, c'est au flanc de vases attiques des VIe et Ve siècles que l'on commence à voir des *volumina* représentés. Aux périodes classique et hellénistique, il ne saurait être question de commerce du livre au sens actuel du terme ; pourtant plusieurs textes des Ve et IVe siècles (dans Eupolis, Aristophane, Platon, Xénophon) permettent de savoir qu'il y avait à Athènes des livres à vendre et des emplacements déterminés pour le faire.

C'est à l'époque hellénistique que s'est développée la diffusion du livre, comme en témoigne la fondation de grandes bibliothèques. Celle d'Alexandrie fut créée par les deux premiers Ptolémée (325-246), avec le concours de l'Athénien Démétrios de Phalère. Il y avait en réalité deux bibliothèques ; la plus importante faisait partie du *Museion,* centre de culture grecque et foyer de savants, constituée sur le modèle de l'École péripatéticienne d'Athènes ; elle aurait rassemblé plus de 500 000 volumes ; la seconde, annexée au temple de Sérapis, le *Serapeion,* en aurait compté 43 000. Le *Museion* fut détruit en 47 avant J.-C., au moment de la prise d'Alexandrie. En compensation, Antoine et Cléopâtre firent transporter au *Serapeion* la bibliothèque des Attalides ; celle-ci, fondée à Pergame par Attale I (241-197) et développée par Eumène II (197-159), comptait 200 000 volumes. Le *Serapeion* fut lui-même détruit par les chrétiens en 391 après J.-C.

Ces bibliothèques ont joué un rôle capital dans la transmission des textes. Elles entretenaient des ateliers de copistes, tant pour leurs propres besoins que pour une diffusion commerciale. Dans ces centres, on constituait un exemplaire unique de chaque œuvre littéraire, à partir duquel on tirait un *archétype.* Celui-ci servait de modèle aux copies qui étaient diffusées ; souvent recopiées elles-mêmes, elles répandaient les textes dans le monde méditerranéen. Après la destruction de la bibliothèque d'Alexandrie, celle du *Ptolemaion* d'Athènes devint le grand centre de diffusion des textes.

III. – Le livre à Rome
et dans son Empire

Nous sommes mieux renseignés sur le commerce du livre à Rome, car plusieurs auteurs latins ont parlé du débit commercial de leurs œuvres et cité leurs éditeurs. On ignore pourtant s'il s'agissait de véritables éditeurs qui vivaient seulement de la vente des ouvrages et l'on manque de témoignages antérieurs au Ier siècle avant notre ère. Le commerce du livre devait pourtant exister à Rome auparavant, introduit sans doute par des immigrants grecs qui employaient des esclaves à recopier les classiques athéniens. L'édition proprement

dite est apparue quand la littérature latine s'est développée. Les auteurs avaient l'habitude de réunir autour d'eux des amis pour lire leurs œuvres ; mais ce
procédé de diffusion était restreint et ne suffisait plus
à maintenir le contact avec un public qui devenait
nombreux et se dispersait au fur et à mesure que
l'Empire romain s'étendait. On connaît le nom de plusieurs éditeurs : Atticus fut celui de Cicéron et l'un de
ses principaux correspondants ; il publia aussi les œuvres de Démosthène et de Platon ; les frères Sosii furent les éditeurs d'Horace, Pollius Valerianus celui de
Martial, Tryphon celui de Quintilien.

On ignore l'ampleur de ces éditions, mais on peut
en soupçonner l'importance. Quand les écrivains latins affirment avec sécurité que leurs œuvres sont
connues par tout l'univers, il ne faut pas seulement y
voir orgueil et vantardise, mais aussi le signe de
l'efficacité d'un commerce capable de répandre leurs
écrits dans tout l'Empire romain. Horace sait que ses
ouvrages passeront les mers et qu'on les lira à Utique
en Afrique aussi bien qu'à Ilerda en Espagne. Ovide se
console de son exil en constatant qu'il est le poète le
plus lu de son temps. Pline le Jeune est surpris et heu-
reux d'apprendre qu'il y a des libraires à Lyon et
qu'ils vendent ses œuvres ; il écrit aussi à un jeune
poète que, s'il se résolvait à publier ses vers, ceux-ci
pourraient être cités par les hommes et seraient répandus partout où résonne la langue latine.

Le développement des bibliothèques manifeste aussi
l'expansion du livre. Au début de l'Empire, et il existait des
collections privées de plusieurs milliers de rouleaux ; celle
d'Épaphrodite en comptait 30 000 et celle de Sammonicus
en atteignait 60 000. Dans son *Traité de la tranquillité de
l'âme,* Sénèque a raillé l'excès qui fait du livre un objet de
luxe et d'ornement. Les bibliothèques publiques apparais-

sent aussi ; César avait décidé d'en fonder une à Rome, mais c'est Asinius Pollion qui réalise ce projet en 39 avant J.-C. Rome en comptera 28 en l'an 377. On connaît aussi des bibliothèques municipales dans diverses provinces de l'Empire ; celle fondée par Adrien à Athènes était célèbre.

L'importance de ces bibliothèques témoigne de la pauvreté de notre héritage classique et les textes que nous avons conservés rendent mal compte de l'activité littéraire dans l'Antiquité gréco-romaine. Aucun manuscrit contemporain d'un auteur ancien ne nous est parvenu ; des siècles, parfois plus d'un millénaire, séparent la plus vieille copie conservée de la date de composition du texte et c'est par des copies de copies que les auteurs anciens nous sont connus. Ce qui nous reste ne représente qu'une faible proportion de ce qui existait : dans le *Banquet des sophistes* d'Athénée, écrivain alexandrin du IIIᵉ siècle de notre ère, on trouve des citations de 1 500 ouvrages perdus. Stobée, compilateur grec du Vᵉ siècle, fait 1 430 citations dans son *Anthologie* ; 1 115 proviennent d'ouvrages disparus. Nous savons qu'Eschyle avait composé 70 tragédies et Sophocle 123 ; il n'en reste que 7 de chacun d'eux, comme il ne reste que 17 des 92 tragédies d'Euripide et 11 des 40 comédies d'Aristophane. Mêmes lacunes en littérature latine. Plusieurs livres nous manquent des grands ouvrages de Tacite et de Tite-Live et l'œuvre historique la plus importante de Salluste a disparu ; il reste peu de chose des 74 ouvrages de Varron qui passait pour l'un des plus grands savants de son temps. Certes, les recherches archéologiques entreprises depuis un siècle ont mis au jour quelque 30 000 papyrus, mais une grande partie ne sont que des documents privés, d'ailleurs précieux pour connaître la vie quotidienne de l'Égypte gréco-romaine. On ne peut donc attendre des découvertes archéologiques que des fragments d'œuvres littéraires disparues ; il y en eut pourtant d'exceptionnelles, comme celles de la *Constitution d'Athènes* d'Aristote, en 1891, et des *Manuscrits de la mer Morte,* en 1947-1949.

Chapitre III

LE LIVRE AU MOYEN ÂGE

I. – La fin de l'Antiquité
et le livre à Byzance

1. La fin de l'Antiquité. – La chute de l'Empire romain pouvait entraîner la disparition de la culture antique, mais le développement du christianisme et la survie de l'Empire en Orient la sauvegardèrent en partie.

Les chrétiens avaient besoin de livres. Il existait des collections chrétiennes avant les invasions, constituées de textes de l'Écriture, de livres liturgiques et d'écrits des Pères. La plus célèbre était celle de Césarée, fondée au début du IIIe siècle, par Origène ; on rassemblait aussi des livres dans les communautés monastiques qui s'étaient formées en Égypte ; mais les bibliothèques chrétiennes furent décimées au moment de la persécution de Dioclétien (303-304). Le rôle des bibliothèques monastiques au temps des invasions est symbolisé par le *Vivarium,* fondé en Calabre, vers 540, par Cassiodore ; ce couvent était une sorte d'académie chrétienne où les moines servaient Dieu par la lecture et par des copies de textes d'où les auteurs profanes n'étaient pas exclus. Au IVe siècle, le pape Damase constitua une bibliothèque à Rome et, au siècle suivant, les lettres de Sidoine Apollinaire nous apprennent qu'il y avait de riches bibliothèques en Gaule.

Les bibliothèques se multipliaient aussi dans l'empire d'Orient. En 330, Constantin transportait sa capitale à Constantinople ; en y fondant l'Académie, il reconstituait un centre de dépôt et de diffusion de textes, analogue à ce qu'avaient été ceux d'Alexandrie et d'Athènes. Brûlée en 477, lors de la révolte de Basilicus, avec ses 120 000 volumes, cette bibliothèque fut rétablie par la suite et devait subsister partiellement en 1453. Riches en textes religieux, les bibliothèques monastiques jouèrent aussi à l'égard de la littérature grecque un rôle de conservation et de transmission comparable à celui des abbayes d'Occident pour la littérature latine. Les plus célèbres étaient celles du *Stoudion* à Byzance, de la vingtaine de couvents de la presqu'île du Mont-Athos, du monastère Sainte-Catherine près du Sinaï. Ces bibliothèques furent une mine de découvertes pour les collectionneurs de la Renaissance et les chercheurs du siècle dernier ; c'est à Sainte-Catherine du Sinaï que l'on a trouvé, en 1844, le fameux *Codex Sinaiticus,* manuscrit du IVe siècle, contenant d'importants fragments de l'Ancien Testament et la totalité du Nouveau. La grande place occupée par les études dans la civilisation byzantine entraîna un commerce du livre prospère et la constitution de riches bibliothèques privées ; par exemple, le patriarche Photios (c. 820 -c. 895), connu pour ses démêlés avec Rome, en possédait une fort belle ; il en tira même la substance d'une anthologie, le *Myrobiblion.* Toutes ces bibliothèques furent dispersées et le commerce du livre ruiné à plusieurs reprises, au temps de la querelle des iconoclastes (730-843), lors du sac de Constantinople par les Croisés (1204) et de l'établissement des royaumes francs dans l'Empire byzantin, et avec la prise de Constantinople par les Turcs (1453), qui marquait la fin de l'Empire et du livre byzantins.

2. **Le livre à Byzance.** – La miniature byzantine a exercé une large influence sur les pays slaves et même sur l'Europe occidentale au Moyen Âge. La conservation des manuscrits byzantins est moins bonne que celle de leurs contemporains d'Occident. Si l'inspiration s'y révélait supérieure, la technique en était détestable : couleurs appliquées sur le parchemin sans préparation ou même directement sur des fonds d'or, etc. Malgré l'habitude d'utiliser des prototypes et des modèles pour la composition des manuscrits byzantins, on préfère les ranger chronologiquement ; un classement par familles serait entravé par la fréquente impossibilité de remonter de la réplique au modèle ; il ferait croire à tort que l'art byzantin s'est indéfiniment répété et ne tiendrait pas compte de l'évolution du style.

La période dite prébyzantine s'étend sur le IVe et le Ve siècle ; la miniature appartient encore à l'art hellénistique et romain. Un premier âge d'or du manuscrit byzantin se situe au VIe siècle, à l'époque de Justinien. Après l'éclipse artistique provoquée par la crise iconoclaste, la miniature connut un second âge d'or sous les empereurs macédoniens et les Comnène. Entre le sac de Constantinople par les Croisés (1204) et la prise de la ville par les Turcs (1453), la miniature est en décadence et ne produit plus que des œuvres secondaires. Plusieurs centres originaux se sont développés aux confins de l'Empire byzantin, en Arménie, en Russie, en Bulgarie et en Serbie.

II. – **La période monastique**

1. **Le mouvement culturel.** – Si les chrétiens ont brûlé la bibliothèque d'Alexandrie, ce sont pourtant les moines qui ont transmis une part importante de la culture classique. Les anciennes règles, comme celles

de Jean Cassien (vers 400) ou de saint Césaire d'Arles (513), recommandaient déjà la lecture aux religieux. Il faut souligner aussi le rôle des missionnaires celtes. Le christianisme, venu du continent en Irlande, y prend rapidement une teinte locale accentuée ; entre 430 et 460, saint Patrick achève la conversion du pays. Au siècle suivant, ce sont les moines irlandais qui vont évangéliser le continent ; saint Colomban y fonde des monastères : Luxeuil en France, Bobbio en Italie ; ses successeurs en établissent d'autres en France, Saint-Riquier, Saint-Valéry, Saint-Wandrille, ainsi qu'un ermitage à Saint-Gall, en Suisse, qui deviendra une abbaye célèbre. Les missionnaires anglais sillonnent aussi l'Europe : saint Boniface (680-755) restaure l'église franque, évangélise l'Allemagne et y établit plusieurs monastères, tel celui de Fulda. On ne peut décrire ici l'expansion du monachisme en Europe ni même citer toutes les abbayes qui ont eu un atelier de copistes renommé.

L'ordre bénédictin devait amplifier ce mouvement culturel. Saint Benoît de Nursie fonde, en 529, le monastère du Mont-Cassin, en Italie centrale. La règle qu'il rédige se répand rapidement en Occident, supplantant celles déjà en vigueur. Elle partage le temps du moine entre la prière, le travail intellectuel et le labeur manuel ; comme le travail intellectuel nécessite la lecture, une part du travail manuel doit fournir aux besoins de celle-ci. C'est pour cela que de nombreux monastères comportaient un *scriptorium,* endroit réservé à la copie et à la décoration des manuscrits, dont l'exemple avait été donné par le *Vivarium* de Cassiodore. Dans l'esprit des fondateurs d'ordres, cette activité avait surtout pour objet la littérature religieuse, mais les moines se sont aussi intéressés aux textes profanes : le latin était la langue de l'Église et chaque clerc devait en avoir une connaissance suffisante ; aussi les moines recopiaient-ils les auteurs de l'Antiquité moins pour le texte que pour la langue, afin d'apprendre le latin et de mieux le pratiquer. Le maintien de cette littérature peut être aussi un témoignage du prestige qu'elle exerçait encore sur certains esprits heurtés par la rudesse du temps.

En voulant restituer l'Empire romain, Charlemagne provoqua le réveil des études et le rétablissement de la civilisation antique dans un esprit chrétien ; c'est ce que l'on a appelé la *Renaissance carolingienne.* À sa cour d'Aix-la-Chapelle, il rassembla les meilleurs esprits d'Europe. Le moine anglais, Alcuin, organisa l'école du palais, conçue pour former des serviteurs de l'État, et contribua à rassembler des manuscrits pour constituer la bibliothèque du palais, bibliothèque qui fut dispersée à la mort de l'empereur. Les savants attachés au palais avaient aussi pour mission la correction des textes et l'édition des auteurs classiques, comme cela se faisait dix siècles plus tôt, à Alexandrie. En même temps, les ateliers monastiques se développaient (Corbie, Saint-Riquier, Tours) et les copistes reproduisaient les œuvres des auteurs anciens et sacrés.

En Allemagne, ce mouvement artistique et littéraire sera poursuivi au Xe siècle par les trois premiers Otton ; les monastères de Korvey, Fulda, Reichenau, Saint-Emmeran de Ratisbonne, Lorsch, Echternach, Saint-Maximin de Trèves connaissaient une activité intellectuelle intense. Parmi les autres *scriptoria* importants de l'époque, citons ceux de Bobbio, Vérone, Bénévent et du Mont-Cassin en Italie, ceux de Cantorbéry, Durham, Winchester et York en Angleterre, ceux de Silos et de Ripoll en Catalogne. En France, les invasions normandes des IXe et XIe siècles ruinèrent de nombreuses abbayes dans le nord et près des côtes : Saint-Martin de Tours, Saint-Wandrille, Saint-Riquier, Saint-Vaast d'Arras, Saint-Amand, Saint-Bertin. Ces monastères se reconstituèrent par la suite tandis que se créaient des centres nouveaux comme Cluny (910) appelé à jouer un rôle considérable.

2. **Les ateliers monastiques.** – Le *Scriptorium* était l'atelier où les livres étaient écrits, décorés et reliés ; il était rattaché à un monastère ou à une église. Quelques scribes ont aussi travaillé, aux VIIIe et IXe siècles, dans les palais royaux ou pour de grands personnages, mais d'une façon intermittente ; peut-être quelques copistes isolés ont-ils subsisté aussi en Italie. Les *scriptoria* étaient nombreux, mais d'importance et de dimensions variables. Comme les manuscrits médiévaux n'avaient pas d'adresse, leur attribution à tel ou tel *scriptorium* est basée sur des données d'une appréciation délicate et qui ne fournissent souvent que des probabilités.

La confection des livres s'opérait sous la direction d'un moine expérimenté, l'*armarius* ; celui-ci veillait à l'approvisionnement de l'atelier en matériel, répartissait et dirigeait le travail, en vérifiait l'exécution. Il joignait souvent à cette charge celle de bibliothécaire, assurant la garde des livres et en contrôlant la communication.

Dans le *Scriptorium,* on écrivait généralement avec des plumes d'oie ; pour éviter les pâtés que celles-ci provoquaient, on plaçait le parchemin sur un pupitre incliné, de façon à tenir la plume dans une position oblique. On n'écrivait pas sur des volumes reliés, mais sur des cahiers séparés qui étaient rassemblés à la fin du travail. Avant de copier, le scribe délimitait sur la page le cadre où s'inscrivait le texte, en ménageant les marges et les espaces réservés aux titres et à la décoration ; parfois même, il traçait des lignes pour guider l'écriture.

Le *Scriptorium* devait être constamment approvisionné en parchemin. Comme il était rare et cher, les peaux étaient un cadeau apprécié des abbayes ; des princes leur donnaient même des forêts giboyeuses pour leur en procurer une réserve vivante. Parfois, les moines grattaient des parchemins déjà écrits, plus par pénurie et économie que pour faire disparaître des textes anciens. Des procédés chimiques permettent de raviver la première écriture de ces *palimpsestes,* mais l'utilisation de procédés optiques est moins dangereuse pour la conservation des supports.

Les copistes appartenaient à la communauté monastique. Parfois des moines de passage venaient s'y joindre, appelés à cause de leur compétence ou, au contraire, venus se perfectionner dans un atelier renommé ou, simplement, pour recopier un texte manquant à leur monastère. Le *scriptorium* n'employait pas forcément les mêmes moines en permanence ; dans certains cas, la plupart des membres de la communauté s'y relayaient. Le travail du copiste avait un caractère religieux : l'exécution d'un livre était une bonne œuvre, car elle permettait à ceux qui étaient au service de Dieu de s'édifier en le lisant ; l'aspect rude et pénible du labeur procurait des mérites.

Le travail s'effectuait par transcription et copie du texte. Cependant, les œuvres originales étaient plutôt dictées à un notaire qui les prenait sur des tablettes de cire ; ensuite, les copistes du *scriptorium* les mettaient au net sur parchemin. Cet intermédiaire servait de brouillon et permettait les corrections éventuelles ; il explique aussi la rareté des manuscrits autographes de cette époque. L'exécution d'un manuscrit pouvait être l'œuvre d'un seul copiste ou résultait d'un travail collectif ; les cahiers étaient alors distribués entre trois ou quatre copistes, parfois plus lorsque l'on voulait qu'un livre fût rapidement achevé. Dans d'autres cas, il n'y avait pas de répartition préalable et les copistes se relayaient pour continuer le travail. La décoration du manuscrit était faite par le copiste qui l'avait calligraphié quand il s'agissait de peindre des majuscules peu compliquées, ou par un autre plus spécialisé si elle exigeait de belles initiales et des miniatures. La reliure, qui consistait à rassembler les cahiers et à les recouvrir, se faisait généralement au *scriptorium*. La durée de l'exécution variait avec la rapidité des scribes, leur nombre et la qualité requise du manuscrit. Des manuscrits ont été écrits en quelques jours, d'autres sur plusieurs années, mais on estime que l'exécution d'un manuscrit de dimension moyenne par un seul copiste demandait trois ou quatre mois. Enfin, le chef d'atelier ou un autre moine expérimenté procédait à la révision ; celle-ci consistait soit simplement à relire le texte pour en éliminer les fautes évidentes, soit à collationner la copie avec l'exemplaire reproduit pour s'assurer de la fidélité de la transcription, soit à la confronter avec un exemplaire autre que celui utilisé et réputé meilleur. Les manuscrits à copier étaient souvent empruntés à un autre monastère, mais on recopiait aussi des ouvrages se trouvant déjà sur place, soit que l'on ait eu besoin de plusieurs exemplaires, soit que l'on en ait reçu commande de l'extérieur. Le *scriptorium* faisait aussi office de secrétariat dans les monastères ; aussi y rédigeait-on actes, chartes, correspondance, etc. Ainsi le *scriptorium,* la bibliothèque et le chartrier étaient souvent liés et l'*armarius* en cumulait les charges.

Chaque atelier travaillait pour la bibliothèque de son propre monastère, mais il pouvait recevoir des commandes de l'extérieur, soit des princes ou de grands personnages, soit d'autres abbayes. Ainsi les meilleurs ateliers monastiques, en raison de la qualité de leur technique en calligraphie ou en enluminure, ont joué un rôle comparable à celui d'une maison d'édition (Saint-Martin de Tours, Saint-Denis, Saint-Gall, Reichenau, Echternach, Saint-Maximin de Trèves) comme fournisseurs attitrés des princes, des églises et des monastères.

3. **L'écriture.** – Pendant cette période, l'écriture a varié depuis la capitale carrée de l'Antiquité jusqu'au seuil de la gothique. Les trois principaux types d'écriture sont alors la majuscule, la cursive et la minuscule. La capitale carrée, d'origine lapidaire, cessa d'être employée à plein texte après le Ve siècle. Plus répandue, la capitale rustique est caractérisée par l'allongement des traits verticaux aux dépens des horizontaux. L'une et l'autre finirent par ne plus être utilisées que dans des titres. Le terme d'onciale s'appliquait au sens propre aux lettres de tête de chapitre mesurant une once ; il qualifie maintenant un alphabet capital retouché où la flexibilité curviligne s'est substituée à la rigidité anguleuse ; après le VIIe siècle, elle se réfugia aussi dans les titres. La cursive était l'écriture rapide réservée à la rédaction des actes, diplômes, lettres, chartes ; elle envahit le livre à l'époque mérovingienne, mais se régularisa en pénétrant dans ce nouveau domaine et se rapprocha de la minuscule ; les types les plus connus sont ceux de Luxeuil et de Corbie. La principale caractéristique de la minuscule est de ne plus s'inscrire entre deux lignes, mais entre quatre ; c'est-à-dire que le corps de la lettre peut être dépassé au-dessus par des hastes, en dessous par des queues. Au VIe siècle, elle l'emporte sur les autres écritures, restant parfois proche de l'onciale (on l'appelle alors semi-onciale).

Des écritures nationales s'étaient développées, mais la minuscule caroline se présenta comme un facteur d'unification. Cette écriture est issue d'un rapprochement de la semi-onciale et de la semi-cursive, empruntant à l'une sa netteté et sa régularité, à l'autre son agilité et sa souplesse. Née vers 800, dans le *scriptorium* de Corbie, elle se répandit rapidement. L'écriture romaine à laquelle reviendront les humanistes, puis les imprimeurs des XVᵉ et XVIᵉ siècles, est directement issue de la minuscule caroline.

Pour gagner du temps et de la place, les copistes usaient fréquemment d'abréviations. Il en existait plusieurs types : abréviations par suspension, abréviations par contraction, etc. Plus tard, on aboutit à un système cohérent de signes conventionnels : trait au-dessus d'une lettre pour signifier qu'un mot est abrégé, etc. Employées aussi par les premiers imprimeurs, ces abréviations rendent délicate la lecture des textes anciens.

4. **La décoration.** – La réputation des manuscrits médiévaux vient surtout de leur décoration, au point d'en faire oublier parfois les autres aspects. Ces manuscrits, il est vrai, ont une importance artistique capitale, car la peinture du haut Moyen Âge ne subsiste presque plus que par leur illustration. Celle-ci n'est pas toujours originale ; les scribes qui recopiaient le texte d'anciens manuscrits pouvaient aussi en reproduire les images. Il arriva aussi à la peinture des manuscrits d'emprunter ses modèles aux autres arts, mais le plus souvent elle en fournit à la fresque, à la mosaïque, au vitrail, à la tapisserie, à l'émail et même à la sculpture monumentale. Sa technique peut paraître rudimentaire et sembler manquer de perspective, mais les maladresses que l'on croit y discerner s'expliquent par une optique et un sens des proportions différents des nôtres. L'artiste médiéval avait un plan à décorer et ne cherchait pas à y introduire la profondeur par quelque artifice. De plus, il saisissait les personnages dans leur réalité et non dans leur apparence ; il les représentait selon l'idée qu'il s'en faisait et n'hésitait pas à les hiérarchiser matériellement par une déformation volontaire des proportions.

L'initiale ornée tient une place primordiale dans la décoration des manuscrits du haut Moyen Âge. Elle a une signification profonde, ne répondant pas seulement à un besoin de décoration, mais exprimant aussi le caractère sacré du mot, sa signification, dont les gens du Moyen Âge avaient plus le sens que nous. La forme même de l'initiale suggère à l'enlumineur une figure qui prend souvent apparence humaine ; le T initial du canon de la messe devient le Christ crucifié, les I deviennent des saints de statues-colonnes. D'autres lettres ploient et fléchissent le corps humain, manifestant l'imagination ou la fantaisie des enlumineurs. Souvent aussi, les initiales prennent des formes animales (psautier de Corbie, IXe siècle). À la fin de l'époque romane, l'initiale ornée évolue vers la lettre historiée qui s'épanouira aux siècles gothiques. Celle-ci ne transforme plus la lettre en un motif décoratif et symbolique ; redevenue elle-même, la lettre se contente de servir de cadre à une image.

Aux temps mérovingiens, la décoration du manuscrit reste pauvre ; l'ornementation l'emporte sur l'illustration, se restreint souvent à des initiales et à des éléments marginaux et les beaux manuscrits sont rares *(Sacramentaire de Gellone)*. C'est en Irlande qu'il faut chercher un art original ; caractérisé par l'habitude du travail du métal, il se manifeste dans les manuscrits par une décoration essentiellement géométrique, dont l'élément principal est l'entrelacs *(Évangéliaire de Durrow, Livre de Kells)*. Dans leurs pérégrinations, les moines irlandais transportèrent leur art chez les Anglo-Saxons *(Évangéliaire de Lindisfarne)*, puis sur le continent *(Évangéliaire de Saint-Gall, Lectionnaire de Luxeuil)*.

La renaissance carolingienne se manifeste avec éclat dans la décoration des manuscrits. Charlemagne lui-même, Louis le Pieux, Charles le Chauve sont amateurs de beaux livres. Les plus précieux sont ornés avec luxe, écrits de lettres d'or ou d'argent sur un parchemin teinté de pourpre *(Évangéliaire de Saint-Riquier)*.

Le classement de la production en écoles régionales est commode, mais approximatif. Citons l'école tourangelle (Fleury-sur-Loire, Saint-Martin de Tours, Marmoutiers), celle de Saint-Denis, celle de Reims dont le principal *scriptorium* était celui d'Hautvillers, et celle de Metz. Il y avait enfin une école du Rhin dont le centre était plutôt Trèves qu'Aix-la-Chapelle, et dans la région du Rhin inférieur, Saint-Gall où l'influence irlandaise était vivace.

Après l'époque carolingienne, les centres artistiques se déplacent de France, où beaucoup de *scriptoria* sont détruits par les invasions normandes, vers l'Allemagne des trois premiers Otton. Exception faite de Fulda, la plupart des ateliers se regroupent dans les régions rhénane et danubienne.

On distingue quatre écoles rhénanes. Celle de Reichenau qui prit la relève de Saint-Gall, l'école mosellane dont les principaux centres étaient Saint-Maximin de Trèves et Saint-Willibrord d'Echternach, l'école de moyenne Rhénanie (Alsace, Palatinat) dont l'œuvre la plus célèbre, l'*Hortus deliciarum,* a été détruite en 1870, l'école souabe. On connaît aussi deux écoles danubiennes, celles de Ratisbonne et de Salzbourg.

En France, les abbayes se relèvent après les invasions normandes. Les *scriptoria* ont une production variée, marquée par diverses influences extérieures. On distingue un apport anglais dans les abbayes du Nord (Saint-Bertin de Saint-Omer, Saint-Vaast d'Arras, Anchin, Marchiennes), que domine Saint-Amand par l'originalité et la fertilité de ses artistes, et dans celles de Normandie. L'apport allemand est sensible dans les abbayes de l'Est, de Saint-Vannes à Cluny. L'influence méditerranéenne marque la production des abbayes du Sud (Albi, Saint-Sever, Toulouse) et gagne même le Centre (Limoges).

On retrouve dans la miniature espagnole les mêmes éléments décoratifs que dans l'architecture mozarabe : arcatures en fer à cheval, inscriptions en caractères coufiques, animaux exotiques, etc. Cet art se manifeste excellemment dans les manuscrits reproduisant les commentaires du moine asturien, Beatus, sur l'Apocalypse, exécutés du Xe au XIIe siècle. En Italie centrale et méridionale, c'est l'empreinte byzantine qui marque la décoration des manuscrits. Les *codices* enluminés restent encore rares et les décorations les plus originales se trouvent dans les *rouleaux d'Exultet* servant au diacre pendant la nuit pascale ; le principal *scriptorium* était celui du Mont-Cassin. Dans l'Angleterre romane, les principaux centres de miniature sont les *scriptoria* de Winchester, Saint-Alban près de Londres, Cantorbéry, Bury Saint Edmunds et Peterborough, où furent exécutés de belles bibles, des psautiers, des apocalypses. Depuis la conquête de l'Angleterre par les Normands, les liens étaient devenus étroits avec le continent ; l'influence anglaise est, par exemple, très vive dans les *scriptoria* bourguignons, notamment à Cîteaux avec saint Étienne Harding, tandis que le plus célèbre miniaturiste anglais du XIIIe siècle sera le Français Mathieu Paris, qui dirigera le *scriptorium* de Saint-Alban.

La miniature romane présente dans le dessin la même stylisation que la sculpture contemporaine. Les fonds sont faits d'or, les couleurs sont posées à plat. Les teintes sont plus franches qu'à l'époque carolingienne, mais restent plus nuancées qu'à l'époque gothique. Toutes les initiales ne sont pas ornées ; beaucoup sont seulement tracées d'un corps plus gros avec une encre de couleur. L'alternance d'initiales vertes, rouges, bleues, indique souvent un manuscrit roman.

La reliure n'est qu'un élément extérieur du livre ; elle contribue pourtant à rehausser la valeur des volumes et présente souvent un intérêt artistique certain. La coutume de relier précieusement les manuscrits est ancienne, surtout pour les ouvrages sacrés, scripturaires ou liturgiques, conservés dans les trésors plutôt que dans les bibliothèques. Les reliures d'orfèvrerie étaient nombreuses. Faites de plaques d'or et d'argent où des scènes religieuses étaient repoussées, relevées de perles, d'émeraudes, de cabochons, enrichies d'intailles, de camées, d'émaux, elles participaient au même art que les reliquaires et peut-être au même esprit. Quelques livres étaient recouverts de plaques d'ivoire sculptées, exécutées pour la circonstances ou empruntées ailleurs. La reliure courante répondait à un souci de solidité et de protection de volumes que la rareté rendait précieux en eux-mêmes. Les plus anciennes reliures de cuir connues sont coptes et arabes ; on en trouve en Occident, entre le VIIIᵉ et le XIᵉ siècle, qui sont influencées par l'Orient. Dans la reliure monastique ordinaire, les plats étaient faits d'ais de bois pour maintenir des livres souvent volumineux et dont la matière, le parchemin, avait tendance à jouer. Ces ais étaient recouverts de peau de veau, de vache ou de truie, et peu décorés. Il y avait aussi des reliures d'étoffe.

5. **Les bibliothèques.** – Les principales bibliothèques se trouvaient dans les abbayes, dont les *scriptoria* étaient à peu près les seuls producteurs de livres. Quelques bibliothèques laïques étaient rassemblées par des rois ou des grands personnages ; des abbés et des évêques disposaient de collections personnelles ; des moines ou simples clercs pouvaient détenir quelques volumes. Mais ces collections particulières avaient un caractère précaire ; seules demeuraient les bibliothèques des monastères et des églises, qui s'enrichissaient souvent des précédentes. Les plus riches bibliothèques monastiques possédaient quelques centaines de volumes ; les 590 manuscrits de Lorsch et les 666 de Bobbio au Xᵉ siècle étaient des chiffres considérables. Leur composition répondait aux besoins pratiques d'une communauté religieuse ; liturgie, écrite sainte et théologie y dominaient. La littérature des premiers siècles chrétiens était mieux préservée que la littérature profane de l'Antiquité, même si les textes classiques n'étaient pas absents. Presque tous les ouvrages étaient en latin ; il y en avait peu en grec et en hébreu.

III. – Période laïque

1. **Fabrication et diffusion du livre.** – À la fin du XIIᵉ siècle et au cours du XIIIᵉ, une transformation

s'effectue dans la fabrication et la diffusion du livre. Les abbayes cessent d'être les seuls centres de vie intellectuelle et leurs *scriptoria* ne produisent plus que des manuscrits liturgiques et des ouvrages d'étude pour leur propre usage. Quelles sont les raisons de cette mutation ?

Détruites par les invasions, les villes d'Occident n'enserraient plus dans leurs remparts qu'une population restreinte et une activité limitée aux besoins locaux et quotidiens. Or le livre est essentiellement un produit urbain, car la ville est le lieu privilégié des échanges, tant intellectuels que matériels. Il n'y avait plus d'offre ni de demande, plus d'organisation commerciale de production et de diffusion des manuscrits. Ce qui restait de vie économique s'était réfugié dans les agglomérations rurales qu'étaient les villas mérovingiennes et les abbayes. C'est dans ces abbayes que la vie intellectuelle se confinait ; leurs bibliothèques et leurs *scriptoria* suffisaient aux besoins de leurs seuls membres et la diffusion des écrits du temps ne sortait guère du circuit fermé du monde monastique. C'est pour cela que l'on qualifie de *période monastique* cette époque de l'histoire du livre. Avec l'évolution favorable du mouvement communal, la renaissance urbaine se développe dès la fin du XIIᵉ siècle et tout change. La vie intellectuelle regagne les villes redevenues centres de production et d'échanges et dont la population s'accroît.

L'enseignement suit le même chemin ; auparavant, il était rural dans les écoles monastiques, urbain dans les cloîtres des cathédrales ; alors que les premières déclinaient, les écoles épiscopales bénéficiaient de l'essor des villes et accroissaient leurs effectifs au cours du XIIᵉ siècle ; maîtres et étudiants durent alors s'unir pour défendre leurs intérêts communs et s'assurer l'autonomie indispensable à leur travail : les corporations qu'ils formèrent prirent au XIIIe siècle le nom d'*universitas.* L'enseignement avait un caractère oral et faisait une large place à la mémoire, mais comme il était basé sur la glose, la discussion, le commentaire de texte, les livres étaient nécessaires aux professeurs et aux étudiants qui devaient faire appel à des auxiliaires professionnels. Aussi les métiers du livre s'organisèrent-ils dans une étroite dépendance des universités ; leurs membres en partageaient les privilèges, mais ils en subissaient le contrôle. À côté des copistes, souvent des clercs, parfois des étudiants besogneux, apparurent deux professions de caractère commercial. Le libraire était un marchand ou plutôt un dépositaire de livres ; les manuscrits, qui restaient rares, circulaient beaucoup et étaient souvent revendus ; ils alimentaient son trafic. Le « stationnaire » avait un rôle plus précis ; pour organiser la copie selon un rythme accéléré et pour garantir l'exactitude des textes, les universités avaient instauré au cours du XIIIe siècle le système de la *pecia* ; il existait de chaque traité de théologie ou d'art libéral que l'université enseignait un manuscrit modèle, l'*exemplar,* déposé chez le stationnaire (qui pouvait lui-même en fabriquer et vendre des copies) ; celui-ci le louait, soit en entier, soit le plus souvent par cahiers (*peciae* = pièces) ; ainsi divisé, l'*exemplar* pouvait être utilisé simultanément par plusieurs copistes et la reproduction des textes était normalisée puisque les manuscrits dérivaient tous d'un même original.

L'essor des villes amena une autre clientèle au livre ; les cours princières prenaient de l'ampleur, tout un monde de juristes s'établissait, une bourgeoisie enrichie par le commerce s'affirmait ; tous avaient besoin de livres, soit spécialisés (textes juridiques), soit de délassement (chroniques, romans, fabliaux) ou d'édification (opuscules de piété). Ce besoin coïncidait avec le développement de la littérature en langue vulgaire. Jusque-là celle-ci se transmettait oralement ; l'augmentation des gens capables de lire un texte et non plus de l'écouter incita les auteurs à confier plus facilement leurs œuvres au manuscrit et la clientèle du livre déborda le monde universitaire ; les libraires de l'université s'adonnèrent aussi au commerce du livre non savant et quelques libraires apparurent dans les autres grandes villes.

Les bibliothèques monastiques cessent d'être les seules collections de livres. Les bibliothèques royales prennent de l'ampleur à partir de saint Louis ; celle de Charles V, qui rassemblait 1 200 manuscrits dans la tour du Louvre, est restée célèbre. Le goût du livre gagne les grands personnages ; Richard de Bury (1281-1345), chancelier d'Angleterre, écrit le *Philobiblon,* premier ouvrage de bibliophilie ; le duc Jean de Berry (1340-1416) est connu pour les beaux manuscrits qu'il a fait décorer et le roi René (1409-1480), pour ceux qu'il a peut-être peints lui-même. On trouve aussi des bibliothèques dans le monde universitaire ; bibliothèques des collèges à qui les fondateurs avaient légué leurs propres livres, et où ces livres étaient enchaînés à des pupitres, signe du prix que l'on y attachait. Grands ecclésiastiques, juristes, bourgeois parfois, commencent à rassembler des livres. Les collections privées s'accroîtront en nombre et en importance au cours du XVe siècle.

L'apparition du papier en Occident permit la multiplication et la vulgarisation des manuscrits. Issu de Chine, le papier avait été transmis au monde méditerranéen par les Arabes qui l'implantèrent en Espagne au XIe siècle et en Italie au XIIe, par l'intermédiaire de la Sicile ; sa fabrication se répandit en Europe au cours du XIVe siècle. Il présentait sur le parchemin l'avantage d'un prix inférieur et de plus larges possibilités de fabrication. Il ne le remplaça pas d'emblée mais le relaya. Tandis que celui-ci s'orientait vers les manuscrits de luxe, le papier servait aux manuscrits plus ordinaires et d'usage courant, tels ceux destinés aux étudiants.

Les premiers moulins à papier connus avec certitude sont ceux de Jativa en Espagne (avant 1100), Fabriano (1276) en Italie péninsulaire, Troyes (1348) en France, Nuremberg (1390) en Allemagne.

Deux autres facteurs de renouvellement ont agi sur la vie intellectuelle du XIIIe siècle, les Croisades et les Ordres mendiants. L'aspect guerrier des Croisades ne doit pas faire oublier les contacts qu'elles ont permis avec le monde arabe, contacts qui s'exerçaient aussi par l'Espagne (Raymond Lulle) et par la Sicile (Frédéric II). C'est par des traductions de l'arabe que l'Occident médiéval retrouva bien des auteurs de l'Antiquité grecque, surtout Aristote, ce qui fut riche de conséquences pour le développement de la pensée philosophique. De plus, la prise de Constantinople, en 1204, et l'établissement de royaumes francs dans l'Empire byzantin permirent des contacts directs avec le monde grec. Créés à la même époque, les Ordres mendiants (carmes à la fin du XIIe siècle, franciscains en 1210, dominicains en 1215, augustins en 1256) connaissent une rapide expansion. Tandis que les moines du haut Moyen Âge, contemplatifs et sédentaires, ont plutôt conservé la culture, les moines mendiants en favorisent la diffusion par leur extrême mobilité. C'est précisément dans leurs rangs que se sont recrutés les plus grands maîtres des universités au XIIIe siècle : Alexandre de Hales, Roger Bacon, saint Bonaventure, Duns Scott chez les franciscains, saint Albert le Grand et saint Thomas d'Aquin chez les dominicains.

2. L'écriture. – Elle connaît une évolution parallèle à celle de l'art. Elle se fracasse, se hérisse d'angles aigus et reprend la verticalité, le pointu, l'arc brisé de l'architecture gothique. Cela ne manifeste pas seulement un sentiment général de l'esthétique, un esprit des formes, mais répond aussi à des motifs plus matériels. La nécessité de multiplier les manuscrits courants à l'usage du monde universitaire incite à comprimer les textes ; la verticalité de la lettre gothique permet le resserrement des signes dans la ligne, et l'emploi de plus en plus fréquent des abréviations joue dans le même sens. Cette écriture présente trois types principaux. La lettre de forme, gothique par excellence, est particulièrement anguleuse, puissamment structurée et souvent de grand module ; elle est spécialement employée dans les manuscrits liturgiques. La lettre de somme a des angles moins marqués ; généralement plus petite, elle sert à l'écriture des manuscrits d'étude, les « sommes », c'est-à-dire les traités théologiques, juridiques, médicaux. Plus tardive, la bâtarde, dont le meilleur type est l'écriture de chancellerie de la cour de Bourgogne, se répand au XVe siècle ; caractérisée par un allongement vertical des lettres, elle est plutôt employée dans les manuscrits en langue vulgaire. Ces trois types se retrouveront dans le matériel typographique des premiers imprimeurs.

3. La décoration des manuscrits. – Elle passe progressivement aux mains des laïcs comme leur confection. Les enlumineurs se groupent dans le quartier des universités, auprès des copistes et des libraires ; à Paris, le rôle de la taille de 1292 en signale déjà 17. Alors que saint Thomas d'Aquin élabore un système philosophique réaliste, la miniature gothique poursuit la conquête des apparences sensibles ; par l'élargissement de la perspective et le rétablissement des proportions, la vision du monde revient à l'échelle humaine. Les enlumineurs ne cherchent plus à exprimer l'idée qu'ils se font des êtres et des choses, mais l'aspect sous lequel ils les voient.

La miniature du XIIIe siècle se caractérise par sa vivacité, par l'assouplissement et l'élégance des formes, sans se départir absolument d'une certaine stylisation.

Son évolution est liée à celle des autres arts plastiques, notamment la sculpture qui fleurit au portail des cathédrales. L'enluminure s'inspire aussi du vitrail par le modelé linéaire qui entoure les dessins. L'encadrement de beaucoup de miniatures, composé d'arcs brisés, de gables, de pinacles, de rosaces, rappelle aussi l'architecture du temps. La technique de la décoration se caractérise par l'application d'or en feuille pour les fonds, par l'apparition des filigranes et des filets-bordures, par le développement des lettres historiées qui remplacent complètement les initiales ornées et ne servent plus que de cadre à de petites scènes peintes. Tandis que la prééminence du gothique d'Île-de-France s'affirme sous saint Louis, la miniature parisienne s'impose en Europe occidentale ; en dehors de Paris, c'est en Picardie et en Artois, pays des conteurs et des trouvères, que la décoration des manuscrits est la plus active.

L'expansion du mécénat au XIVe siècle (Charles V, duc de Berry) favorise l'enrichissement de la décoration du livre. Plusieurs innovations caractérisent l'enluminure.

Le décor marginal se développe ; les filets-bordures deviennent de grandes barres à antennes, s'épanouissant en rinceaux de feuillage et encadrant le texte ; toute une faune vient s'y nicher. Les fonds d'or disparaissent, remplacés par des fonds quadrillés, puis par des paysages qui s'introduisent à l'arrière-plan des scènes représentées. Apparaît aussi la grisaille, technique qui consiste à ne pas colorier les personnages, mais à les traiter dans une peinture en camaïeu gris, donnant l'illusion du relief sculpté. Les meilleures productions de l'art parisien au début du siècle sont attribuées à Jean Pucelle. Elles s'enrichissent des apports de l'art flamand et ce sont des gens du Nord qui travaillent pour le duc de Berry, surtout les frères Limbourg qui décorent les *Très riches Heures* dont le calendrier constitue l'un des sommets de la miniature médiévale.

L'enluminure française influence celle d'autres pays. L'Angleterre de la guerre de Cent Ans est aussi continentale qu'insulaire. La miniature allemande en déclin est meilleure dans le domaine profane que dans les manuscrits religieux. En Italie, l'art de la miniature remonte vers le Nord ; les plus beaux manuscrits sont décorés par des artistes milanais, florentins et siennois. L'Espagne subit des influences française et italienne, surtout en Catalogne et en Aragon.

Au xve siècle, enluminure et miniature se distinguent de plus en plus. L'enluminure est la partie ornementale de la décoration : initiales non historiées, touches d'or ou de couleur dont on pare les bouts de ligne, encadrements surtout qui remplissent la totalité des marges d'arabesques, de feuillages et de fleurs où se nichent des animaux et des petits personnages. Souvent blanc, leur fond est parfois peint en or ou en couleur ; les motifs décoratifs sont alors plus libres et dégagés (*Heures de Marguerite d'Orléans,* vers 1430). L'exubérance toute flamboyante de ces encadrements orne presque toutes les pages des livres d'Heures, mais n'apparaît qu'à la première de beaucoup de manuscrits. Par miniature, il faut entendre l'illustration proprement dite : scènes peintes des lettres historiées, vignettes parsemant le texte et surtout peintures à pleine page. La miniature se rapproche alors du tableau de chevalet ; elle cesse d'être un art original et devient un genre dans la peinture pour qui elle constitue un riche champ d'expérience. Les miniatures de présentation, où l'on voit l'auteur offrir son livre à un grand personnage, sont à l'origine du portrait. C'est là aussi qu'il faut chercher l'origine du paysage qui se substitue aux fonds pleins et quadrillés. Les miniatures qui illustraient les chroniques ont fourni des modèles à la peinture d'histoire.

Au début du XVe siècle, les meilleurs artistes parisiens sont anonymes : les maîtres de Bedford, de Boucicaut, de Rohan, ainsi qualifiés d'après leur meilleure œuvre. Les centres de production se déplacent ensuite vers les bords de Loire, tandis que le roi de France se réfugie à Bourges. Jean Fouquet (vers 1420-1480) est célèbre par son sens de l'atmosphère, l'équilibre et la profondeur de ses compositions *(Heures d'Étienne Chevalier, Grandes chroniques de France, Antiquités judaïques)*. L'influence flamande s'exerce sur plusieurs artistes, notamment sur celui qui a travaillé à Angers et que l'on croit être le roi René lui-même (1409-1480) ; on lui doit, entre autres, le *Livre de cœur d'amour épris* où se manifestent une analyse raffinée de la lumière et un jeu subtil du clair et de l'obscur. La fin du siècle est marquée par les œuvres plus inégales de Jean Colombe *(Heures de Laval)* et de Jean Bourdichon *(Grandes Heures d'Anne de Bretagne)*.

Le XVe siècle voit aussi l'apogée de l'état bourguignon. Le mécénat de Philippe le Bon (qui gouverne de 1419 à 1467) favorisa l'essor des arts ; le souverain inspira à ses courtisans un goût du beau livre qui permit à l'art du manuscrit de se renouveler. La miniature flamande s'épanouit dans le même temps que les Van Eyck, Van der Weyden, Bouts, Memlinc, font gravir à la peinture des étapes décisives. Les ateliers locaux se multiplient, mais, après 1475, le style devient plus homogène, grâce à une certaine maturité et à la concentration des ateliers à Bruges et à Gand. L'épanouissement de la miniature italienne a été plus tardif qu'en France et en Allemagne. La décoration renaissance s'y généralise dès le XVe siècle et l'imitation de la peinture y est si nette que bien des manuscrits ont été découpés et les miniatures utilisées comme tableaux. Les principaux centres de production sont Ferrare, la Lombardie et la Toscane. Le miniaturiste florentin, Attavante degli Attavanti (1452-1517), est surtout connu par les manuscrits qu'il a peints pour Mathias Corvin, roi de Hongrie et bibliophile averti.

L'avènement de la typographie ne fit pas disparaître d'emblée l'enluminure. Les premiers imprimés lui réservaient les initiales et la décoration marginale et, jusqu'en 1530 environ, certaines éditions avaient un tirage de tête sur parchemin, matière se prêtant mieux que le papier à la peinture. Au début du XVIᵉ siècle, l'école de Rouen, patronnée par le cardinal d'Amboise, produisit de beaux manuscrits, marqués par l'influence italienne. Quelques exemples isolés manifestent une survivance tardive de la miniature, telles la célèbre *Guirlande de Julie* (1642) et les *Heures de Louis XIV* (1688). La décadence de la miniature n'est pas tellement due à l'expansion de l'imprimerie qu'aux progrès de la gravure ; elle s'est manifestée très tôt dans les pays où la gravure avait connu son premier développement : Allemagne, Pays-Bas. Quant aux copistes, ils furent obligés de se reconvertir. Si beaucoup devinrent libraires, il subsistait pourtant des corporations de maîtres écrivains ; les uns étaient des écrivains publics au service des illettrés ; les autres, ne pouvant plus pratiquer l'écriture, l'enseignaient et devinrent des maîtres de petites écoles.

IV. – Le livre en Extrême- et Moyen-Orient

1. **L'Extrême-Orient.** – La Chine, pays de lettrés, où l'étude était vénérée comme source de vie, connut le livre dès le IIᵉ millénaire avant notre ère. Sur des fragments d'os ou d'écailles subsistant de cette époque, on a pu dénombrer 2 500 caractères (sources des 80 000 actuels), où l'on remarque celui qui désigne encore le livre. Composé de quatre lignes verticales, traversées horizontalement par une large boucle, il figure les tablettes de bois sur lesquelles on écrivait verticalement et que reliaient des lanières de cuir ou de soie ; on n'a pourtant pas retrouvé de livres de cette forme

antérieurs au début de notre ère. Ces livres encombrants et peu pratiques sont ensuite remplacés par des bandes de soie, matière plus légère et résistante, enroulées autour d'un bâton de bois. On chercha bientôt un substitut à la soie trop coûteuse. En triturant des vieux chiffons, du chanvre, de l'écorce de mûrier et d'autres matières végétales, on réussit à fabriquer une pâte qui, une fois séchée, pouvait servir de support à l'écriture. Cette invention du papier, attribuée à Ts'ai Louen en 105 de notre ère, est peut-être antérieure. Le papier remplace progressivement la soie qui ne fut plus utilisée que pour des ouvrages de luxe.

L'estampage de dalles gravées en creux pour reproduire des textes ou des images a été pratiqué très tôt en Chine. Les moines bouddhistes et taoïstes utilisaient aussi des sceaux gravés en relief et inversés pour reproduire des textes en série ; on conserve des images du VIIIe et du IXe siècle ainsi imprimées. Le plus ancien texte connu serait sept feuillets du *Kai Yüan Tsa Bao* (entre 713 et 742) et le premier livre imprimé conservé complet, le *Soutra de Diamant* (868 ou peu après), rouleau composé de plusieurs feuilles xylographiées, collées bout à bout. Le développement de ce procédé permit à la plus grande partie de la littérature existante d'être reproduite au cours du Xe siècle. Vers 1045, le forgeron Pi Cheng réussit à fabriquer des caractères mobiles. Cette technique ne rencontra pas le même succès que quatre siècles plus tard en Europe ; elle ne fut employée que pour quelques grandes entreprises officielles et les témoins qui en subsistent sont rares. On peut voir plusieurs raisons à cela ; la multiplicité des caractères chinois rendait ce procédé plus coûteux que la gravure sur bois ; la fluidité de l'encre se prêtait mal à l'impression à l'aide du métal ; enfin, les Chinois aimaient la belle calligraphie et la gravure sur bois en permettait un reflet plus fidèle que les caractères mobiles. Ce procédé réussit mieux en Corée où les Pouvoirs publics prirent en charge la diffusion des textes ; en 1403, le roi Htai Tjong fit fondre un jeu de 100 000 caractères. Il semble que les Ouïgours, peuple nomade du Turkestan, aient aussi utilisé un procédé d'impression à caractères mobiles vers 1300 ; leur langue était d'ailleurs pourvue d'un alphabet.

Les difficultés d'utilisation du livre en rouleau, l'emploi de la gravure sur bois et l'influence indienne contribuèrent à l'avènement de nouvelles formes du livre. Au lieu d'isoler les feuillets de papier, on en vint à les coller par leur tranche pour constituer des livres s'ouvrant comme un paravent, que les Chinois appelaient « livres tourbillons ». Pour garantir une meilleure solidité, on plia aussi les feuilles et on les colla par leur pliure ; ce sont les « livres papillons ». Comme la gravure sur bois ne permettait l'impression que d'un seul côté des feuilles, on en vint enfin à les coudre, non par leurs pliures, mais par leurs bords. côté de cette forme, les rouleaux et les livres tourbillons subsistent encore de nos jours en Chine, ainsi qu'au Japon où le livre a suivi une évolution parallèle.

2. **Le Moyen-Orient.** – Tandis que l'Occident se dégageait péniblement des ruines accumulées par les barbares, la civilisation arabe se développait, du VIIIe au XIIIe siècle, dans le Proche-Orient et le long du Bassin méditerranéen. Le livre y avait d'abord un caractère religieux ; comme la Bible, le Coran tient une place considérable dans l'histoire du livre. Traditionnellement on le copiait avant de l'apprendre par cœur ; c'est sans doute pour cela que le livre arabe demeura jusqu'au XIXe siècle un manuscrit calligraphié. Cependant une importante littérature profane se dévelop-

pait, enrichie d'apports divers. L'écriture était elle-même issue du phénicien par l'intermédiaire de l'araméen ; elle est encore pratiquée dans une aire qui s'étend du Maroc à la Malaisie. Née de la culture néo-perse, la culture arabe fut aussi influencée par le monde byzantin ; il ne faut pas oublier que les Arabes ont conservé et transmis à l'Occident une partie notable de la littérature grecque. D'autres influences se sont exercées, celles des juifs et celles des communautés chrétiennes, notamment des nestoriens qui avaient, au Moyen Âge, établi des églises dans toute l'Asie ; les chrétiens ont fourni nombre d'écrivains à la littérature arabe comme, par exemple, le médecin Mésué.

L'apogée de la civilisation arabe d'Orient se place au IXe siècle, quand Haroun al-Rachid et Al-Mamoun sont califes de Bagdad (ville qui compte alors une centaine de libraires). Les bibliothèques, qui témoignent du haut niveau culturel des Arabes médiévaux, étaient considérables. Ceux-ci avaient découvert, vers 750, le moyen de fabriquer du papier abondant et bon marché, grâce à des prisonniers de guerre chinois ; ce qui eut une grande influence sur le développement littéraire et scientifique. À leur tour, ils font connaître le papier à l'Occident, d'abord en lui en vendant, puis en installant des moulins à papier en Espagne et en Sicile. Le mot *rame,* par lequel nous désignons un ensemble de 500 feuilles de papier, est d'origine arabe.

La prescription du Coran interdisant de représenter le Seigneur et les créatures animées explique l'aspect si original de l'art décoratif musulman et l'importance qu'y prend la calligraphie. La fonction de celle-ci n'est pas seulement de reproduire un texte, mais aussi de le décorer. Ainsi, l'art musulman est le seul à avoir fait des inscriptions monumentales un élément décoratif ; l'écriture koufique, qui avait vite cessé d'être une écriture courante, est le type même de l'écriture monumentale. La virtuosité des scribes était très appréciée et l'écriture arabe se prêtait admirablement à toutes les variations qu'exprime bien le mot *arabesque*. Les calligraphes étaient en même temps enlumineurs, ce qui explique l'influence pénétrante de l'écriture sur la miniature et la finesse incomparable de son dessin. Celle-ci reste une peinture de teinte plate, essentiellement décorative, ignorant la troisième dimension et bannissant les ombres qui auraient brouillé les traits et terni l'éclat des couleurs. C'est cet éclat qui rend si agréable la miniature persane, malgré la dispersion de la composition et le morcellement des ensembles, rançon de ce procédé. Tous les musulmans n'ont pas respecté l'interdiction coranique et la miniature historiée s'est développée, sinon en Arabie même, du moins en Perse, en Inde et en Turquie, en observant pourtant une restriction qui la différencie de la miniature occidentale, l'exclusion de tout sujet religieux ; ainsi, il n'existe aucun manuscrit historié du Coran. Les peintres ont décoré des manuscrits scientifiques, des chroniques, des fables et surtout des recueils poétiques, et les sources d'inspiration, épiques ou lyriques, guerrières ou érotiques, s'y donnent libre cours.

La miniature musulmane s'est prolongée jusqu'au XVIIIe siècle, car elle n'a pas connu la concurrence de la gravure. La miniature persane est justement célèbre ; elle s'est développée au XIIe siècle et connut son apogée du XIVe au XVIIIe siècle ; le plus illustre miniaturiste iranien est Behzrad (1440-1530). On remarque des analogies entre la décoration des manuscrits et l'art de la tapisserie, analogie que l'on retrouve dans les reliures de cuir fin, décorées d'arabesques dorées au fer chaud et utilisant le carton comme support. La miniature de l'Inde musulmane sous les grands Moghols reprend d'abord des modèles persans auxquels se substituent rapidement ceux que lui offrent la race, la faune et la flore hindoues. L'influence européenne y est sensible au XVIIᵉ siècle ; elle se manifeste par la transposition de sujets chrétiens, le goût du portrait et la recherche d'effets de perspective. La miniature turque enfin, dont le centre principal était Constantinople, mêle à l'inspiration orientale l'influence byzantine et aussi celle de l'art italien du Quattrocento.

En Égypte, les Coptes ont maintenu les vieilles traditions face à l'envahisseur musulman. Leur langue dérive de l'ancien égyptien avec des emprunts au grec ; parlée et écrite par les chrétiens d'Égypte jusqu'au XIIIᵉ siècle, elle demeure encore leur langue liturgique ; aussi le livre copte contient-il surtout des textes religieux. D'une beauté rude et savoureuse, sa décoration évoque le vieux fonds pictographique égyptien. Son graphisme et ses entrelacs l'apparentent curieusement à la miniature irlandaise. La reliure copte en cuir incisé et repoussé est la plus ancienne connue ; elle a influencé la reliure arabe et, par-delà, la reliure occidentale. Le christianisme avait aussi pénétré en Éthiopie dont l'ancienne littérature est aussi en majorité religieuse. On n'y connaît guère de manuscrits antérieurs au XIIIᵉ siècle ; leur illustration dérive d'exemples coptes et syriens ; elle a un caractère populaire.

Chapitre IV

L'AVÈNEMENT DE L'IMPRIMERIE

I. – Les xylographes

Bien que le besoin de textes soit resté longtemps limité, la copie des manuscrits un à un n'était pas satisfaisante et l'on chercha très tôt des moyens d'accélérer et de multiplier leur fabrication, comme en témoigne le système de la *pecia*. La xylographie apporta la première solution technique au problème. Ce procédé consistait à tailler un bloc de bois de façon à laisser un dessin en relief (taille d'épargne), en le travaillant dans le sens des fibres (bois de fil). La partie saillante était alors encrée, puis on appliquait dessus une feuille de papier que l'on pressait en frottant son verso avec une balle de crin (le frotton). Cette technique a d'abord été employée pour l'impression des tissus, en Égypte dès le IVe siècle, en Occident au XIIe ou au XIIIe siècle. Elle fut adaptée à l'impression du papier par les Chinois, au IXe ou Xe siècle, et en Europe, dans la seconde moitié du XIVe. On a retrouvé en Saône-et-Loire un bloc de bois gravé, dit « bois Protat », que l'on date de 1380 environ. La xylographie se répandit en Bourgogne, Rhénanie, Hollande, et était surtout pratiquée dans les cloîtres, peut-être pour ne pas entreprendre sur le métier des enlumineurs. De ce fait, elle produisit essentiellement des œuvres de caractère religieux et ses premiers témoins furent des images de piété.

Ces frêles documents ont disparu pour la plupart ; ceux qui ont été préservés étaient collés au contreplat d'anciennes reliures ou à l'intérieur de couvercles de vieux coffres. Les cartes à jouer aussi, apparues en Europe au XIVe siècle et d'abord peintes à la main, furent exécutées ensuite au moyen de la gravure sur bois. Dans une seconde étape, on adjoignit quelques lignes de texte à l'image, écrites à la main ou gravées en même temps que le dessin. Puis on rassembla des feuilles en les collant verso contre verso pour former des petits livres. Il n'en subsiste qu'une centaine d'éditions de 33 textes ; les plus connus sont l'*Apocalypse,* l'*Ars moriendi* (Art de bien mourir), la *Biblia pauperum* (Bible des pauvres) et le *Speculum humanae salvationis* (Miroir du salut humain). Les plus anciens livrets xylographiques peuvent être antérieurs à l'année 1450 et les plus récents sont contemporains des premiers imprimés et mêlent les deux techniques. De rares livrets xylographiques ne comportaient que du texte, comme les petits traités du grammairien Donat. Le développement de la typographie modifia la carrière de la gravure sur bois qui servit alors à l'illustration du livre imprimé.

II. – **La naissance de la typographie**

La xylographie marquait un progrès certain, mais elle demandait un travail long et délicat et son utilisation manquait de souplesse. Les textes devaient être gravés page à page, les caractères un à un ; les blocs s'usaient vite et ne permettaient qu'un tirage limité. La solution résidait dans la découverte de caractères mobiles, pouvant s'assembler à volonté et fabriqués dans une matière résistant à l'usure. Cette solution, la typographie l'apportait avec ses caractères de métal, rigoureusement identiques, car toute différence, même légère, aurait entravé le succès de l'entreprise. Ce fut sans doute cette mise au point qui coûta le plus de peine et de temps à Gutenberg ; quelques épreuves imprimées, aux lignes cahotantes et aux caractères boiteux, permettent d'en suivre les étapes. Le procédé consiste à graver sur un poinçon de métal très dur chaque signe typographique, puis à frapper en creux ce poinçon dans une matrice de métal moins dur, enfin à encastrer cette matrice dans un moule pour fondre en série, en y coulant un alliage de plomb, d'étain et d'antimoine (métal dont les propriétés avaient été découvertes au début du XVe siècle), des caractères typographiques qui prennent l'empreinte de la lettre à l'envers. On obtient ainsi un caractère métallique (solidité), façonné uniformément par les parois du moule (facilité d'assemblage) et qui peut être produit en grande quantité.

Pour passer à l'application du principe, la fabrication des livres en série, plusieurs préalables matériels étaient nécessaires. Il fallait d'abord un support convenable. Le parchemin n'était ni assez plan ni assez souple pour passer sous la presse et sa rareté relative aurait considérablement restreint la multiplication des livres. Mais le papier, apparu en Europe au XIIe siècle, y devenait d'un usage courant à la fin du XIVe ; c'est lui qui permit le développement de la typographie. Le frotton, que l'on utilisait en xylographie pour faire adhérer au dessin la feuille à imprimer, était un instrument rudimentaire, d'un maniement lent, et il excluait l'impression recto-verso des feuilles. La mise en œuvre de la typographie était donc aussi liée à la découverte d'un procédé qui permette une pression puissante et mécanique ; c'est la presse à imprimer, qui fut sans doute inspirée à Gutenberg par la presse qu'utilisaient les vignerons rhénans. Dernière condition technique nécessaire, la mise au point d'une encre grasse, capable d'enduire les caractères métalliques et de laisser des empreintes convenables sur le papier : l'encre des premiers ouvrages typographiques est restée bien noire tandis que celle des xylographes a pâli.

La découverte de la typographie n'a donc pu se réaliser qu'au prix de difficultés multiples et de longs tâtonnements. Il a fallu toute une vie de labeur à Gutenberg pour la mettre au point ; mais cette vie demeure mal connue. Né à Mayence dans les dernières années du XIVe siècle, Johann Genfleisch ajouta à son nom « Zum Gutenberg », du nom de la maison où il habitait. Il appartenait à une famille d'orfèvres et dut s'exiler en 1428, à la suite des luttes qui opposaient les corporations aux patriciens. Des documents d'archive et des minutes de procès témoignent de sa présence et de son activité à Strasbourg, de 1434 à 1444. Ils permettent de savoir qu'il avait pris des associés pour divers travaux qui semblaient en rapport avec l'impression des livres et que, d'ailleurs, l'un de ses associés exploitait un moulin à papier. En 1448, on le retrouve à Mayence où il continue ses travaux. Il y contracte des emprunts, notamment auprès du riche bourgeois Johann Fust, pour acheter du parchemin, du papier et de l'encre pour « l'œuvre des livres ». En 1455, un procès opposait Gutenberg à Fust qui lui reprochait de ne pas avoir tenu ses engagements. Gutenberg perdit son procès et son matériel ; Fust le reprit et s'associa à un ancien ouvrier de Gutenberg, Peter Schoeffer, pour faire fonctionner l'imprimerie. On suppose que Gutenberg reconstitua un atelier de son côté et qu'il imprima jusqu'à sa mort à Mayence même et, peut-être entre-temps, à Bamberg ou à Eltville. En 1465, il fut annobli par l'archevêque-électeur de Mayence pour services personnels (sans doute rendus en tant qu'imprimeur) et mourut le 3 février 1468 ; son tombeau, dans l'église des Franciscains de Mayence, a disparu depuis longtemps.

L'œuvre de Gutenberg est encore plus mal connue que sa vie ; aucune des impressions qui lui sont attribuées ne porte d'adresse ni de date. Sans entrer dans les discussions des spécialistes qui lui enlèvent ou lui restituent périodiquement certains ouvrages et en modifient les dates supposées, signalons seulement que ces attributions oscillent du probable au douteux. Celui que l'on considère traditionnellement comme le premier de tous les livres imprimés est une *Bible,* dite à 42 lignes (par page) pour la distinguer d'autres bibles des premiers temps de l'imprimerie. Il en subsiste 49 exemplaires et plusieurs fragments (ce qui représente un haut pourcentage de conservation pour un imprimé ancien). L'un d'eux porte une inscription manuscrite qui permet de déduire que l'impression a été achevée au cours de l'année 1455. Comportant près de 1 000 pages, utilisant 290 caractères ou signes typographiques différents, manifestant une élaboration, une mise en page et une justification parfaites, cet ouvrage a été évidemment précédé par des essais et des impressions plus rudimentaires. C'est dans cette catégorie qu'il faut ranger des petits livrets *(Donat)* ou des feuilles volantes *(Calendrier astronomique)* imprimés autour de 1450. D'autres sont contemporains de la *Bible* à 42 lignes *(Lettres d'indulgences)* ou postérieurs. Quelques ouvrages importants ont été encore attribués à Gutenberg : la *Bible* à 36 lignes, imprimée avant 1460, probablement à Bamberg, le *Catholicon* de Balbi, imprimé en 1460, à Mayence, le *Missel de Constance,* imprimé sans doute après la mort de Gutenberg. Pendant ce temps, l'atelier financé par Fust et dirigé par Schoeffer publiait plusieurs ouvrages où, pour la première fois, une formule finale indiquait le nom des imprimeurs ainsi que le lieu et la date de l'impression, dans le *Psautier,* achevé d'imprimer le 14 août 1457, à la préparation duquel Gutenberg avait dû travailler.

Les lacunes de l'information sur Gutenberg et certaines allusions faites par des documents anciens ont permis à di-

51

verses hypothèses de s'échafauder sur l'invention de l'imprimerie. Des raisons chronologiques facilitent la réfutation de celles qui concernent Johannes Brito à Bruges et Panfilio Castaldi à Feltre. Des descendants d'imprimeurs du XVe siècle ont aussi attribué abusivement l'invention à leurs ancêtres : Schoeffer à Mayence ou Mentelin à Strasbourg. Les concurrents les plus tenaces de Gutenberg restent Coster et Waldvogel. Ce sont des textes postérieurs aux faits de plus d'un siècle qui attribuent la découverte de l'imprimerie à un habitant de Haarlem, Laurens Janszoon, surnommé de Coster (le sacristain). Celui-ci a sans doute existé, mais c'est vraisemblablement la xylographie qu'il a pratiquée et peut-être plus tard qu'on ne le croit. Procope Waldvogel est connu par des documents contemporains. Ils nous apprennent que cet orfèvre originaire de Prague séjournait en Avignon, entre 1444 et 1446, qu'il connaissait un « art d'écrire artificiellement », qu'il s'était associé à cinq personnages pour le leur apprendre, qu'il disposait d'un matériel métallographique, comparable à celui utilisé en typographie. Mais que sont devenues les productions de cette technique que six personnes au moins connaissaient et pour laquelle un matériel existait ? Tout cela manifeste que de longs tâtonnements ont préparé la solution définitive et que les recherches furent multiples dans la période 1430-1450 où le succès des xylographes (et aussi leurs insuffisances) incitait à l'amélioration et au développement des procédés pour la multiplication des livres.

Dans quelle mesure Gutenberg s'était-il inspiré des techniques déjà existantes ? Il ne faut pas oublier que les Chinois ont connu très tôt l'imprimerie, mais ni cette découverte ni celle des Coréens, qu'aucun texte occidental ne mentionne, semblent n'avoir eu de résultats effectifs pour la vie de l'humanité. Leurs caractères étaient trop fragiles et trop nombreux ; correspondant à des mots et non à des lettres, ils se seraient mal adaptés aux écritures alphabétiques occidentales ; enfin, si l'imprimerie était venue d'Extrême-Orient en

Europe, elle aurait vraisemblablement suivi le même chemin que le papier et abouti dans le Bassin méditerranéen et non à Mayence. On a voulu voir aussi dans la xylographie un ancêtre direct de la typographie. Conscient du manque de souplesse de l'emploi des blocs de bois, on aurait eu l'idée de les découper en caractères séparés, puis de façonner ces caractères en une matière plus résistante et permettant leur fabrication en série. Pourtant l'imprimerie n'est pas née dans un milieu d'imagiers, de cartiers ou de tailleurs de bois, mais chez les orfèvres où l'on pratiquait depuis longtemps la gravure, l'alliage et la fonte des métaux, techniques qui ont permis la mise au point de la typographie. Gutenberg ne cherchait d'ailleurs pas à fabriquer à meilleur compte et à multiplier des xylographies, où l'image dominait, mais des manuscrits, qui étaient avant tout texte, comme le prouvent le choix des premiers ouvrages imprimés et leur présentation.

L'invention de l'imprimerie a procuré au livre une plénitude et un accomplissement dans la mesure où tout texte littéraire (au sens large) aspire par essence à une communication et à une diffusion les plus vastes possibles. Mais il ne faut pas confondre causes et conséquences. On a souvent dit que le développement de la culture et une demande accrue de livres rendaient inévitable l'invention de l'imprimerie au moment où elle s'est produite. À ce compte, elle aurait dû voir le jour à l'époque du développement des universités et dans le pays le plus avancé au point de vue intellectuel, l'Italie. Or elle est née dans une ville rhénane d'à peine 3 000 habitants, qui n'était guère un centre intellectuel, dans un milieu encore médiéval comme le prouvent les premiers textes imprimés. Elle ne résulte pas d'une impulsion intellectuelle, mais de l'état avancé d'une technique, celle du métal. Le développe-

53

ment ultérieur de l'imprimerie ne doit pas faire oublier les conditions de son origine. Gutenberg ne songeait qu'à découvrir un procédé plus efficace pour la fabrication des livres, sans pressentir les immenses conséquences que son invention entraînerait.

III. – L'expansion de l'imprimerie

Malgré le secret dont s'entouraient les premiers imprimeurs, la nouvelle invention s'ébruita vite. Ne dit-on pas que Charles VII aurait envoyé Nicolas Jenson à Mayence, dès 1458, pour s'en informer ? Quand Gutenberg mourut en 1468, l'imprimerie était déjà installée dans plusieurs villes : deux ateliers fonctionnaient à Mayence même, d'autres s'étaient établis à Strasbourg et à Bamberg avant 1460, à Cologne et à Subiaco en 1465, à Eltville et à Rome en 1467, à Augsbourg en 1468. À la fin du XVe siècle, plus de 250 villes européennes avaient reçu l'imprimerie : 10 avant 1470, une centaine de 1470 à 1479, 90 de 1480 à 1489 et une quarantaine de 1490 à 1500.

L'Allemagne fut la première bénéficière de ce développement. On y imprimait dans une vingtaine de villes avant 1480 et dans une quarantaine d'autres avant 1501, particulièrement dans les régions rhénane et danubienne. Les Pays-Bas, patrie d'impressions archaïques, connurent l'imprimerie dès 1473, tant au Nord (Utrecht) qu'au Sud (Alost). À partir de l'Allemagne du Nord, la nouvelle technique gagna cinq villes scandinaves dès le XVe siècle.

Si l'Italie n'avait pas donné naissance à l'imprimerie, elle bénéficiait d'une vie intellectuelle et d'une organisation commerciale bien propres à son développement. Apparue à Subiaco en 1465, puis à Rome en 1467, l'imprimerie a touché 80 villes au XVe siècle, surtout du Centre et du Nord. Le principal centre typographique était Venise où l'on imprimait depuis 1469 ; 150 des 500 imprimeurs italiens du xv siècle y ont exercé, et 4 500 des 12 000 incunables italiens sont sortis de leurs presses.

Une quarantaine de villes françaises et quatre de Suisse vaudoise reçurent des imprimeurs au xv siècle, mais il n'y eut vraiment que trois grands centres typographiques : Paris (1470), Lyon (1473) et Rouen (1485). Citons encore Toulouse (1476), Angers (1477), Genève (1478), Poitiers (1479), Caen (1480), etc.

On imprima dans 32 villes de la péninsule Ibérique, à commencer par Barcelone et Ségovie en 1471 ou 1472, avec des imprimeurs d'origine allemande. Le premier imprimeur anglais, William Caxton, travailla d'abord à Bruges avant de s'installer à Westminster en 1476. L'imprimerie anglaise resta longtemps limitée à quatre villes, Londres, Oxford, Cambridge et York. L'imprimerie se répandit aussi au xv siècle en Europe centrale et orientale, dès 1473 en Hongrie et en Pologne, puis en Bohême, en Croatie et au Monténégro.

L'imprimerie fut plus tardive dans le reste de l'Europe, en 1528 en Transylvanie, en 1563 à Moscou, en 1727 à Constantinople, en 1821 en Grèce. Mais déjà, les colons et missionnaires espagnols et portugais l'avaient exportée dans d'autres continents. Les uns l'établissaient à Mexico en 1539, à Lima en 1584 et aux Philippines en 1593. Les autres, à Goa en 1557, à Macao en 1588 et au Japon en 1590. Le premier atelier d'Amérique du Nord fonctionna à Cambridge (Mass.) en 1638.

IV. – Facteurs de diffusion de l'imprimerie

Les Allemands, qui avaient découvert l'imprimerie, en furent les premiers et les meilleurs propagateurs ; d'anciens ouvriers de Gutenberg et de Schoeffer, Zell et Ruppel, l'introduisirent l'un à Cologne, l'autre à Bâle, et ce sont des typographes allemands qui l'ont apportée aux principales villes de Pays-Bas, d'Italie, de France, d'Espagne, etc. Un grand nombre d'imprimeurs allemands étaient établis dans toute l'Europe à la fin du XVe siècle et, encore au siècle suivant, de grands imprimeurs comme les Wechel à Paris ou les Gryphe à Lyon viendront d'Allemagne.

Qu'est-ce qui attirait et, souvent, fixait les imprimeurs dans telle ou telle ville ? D'abord l'action d'hommes ou de groupes soucieux de se procurer des textes et de les diffuser, et assez riches pour avancer les fonds nécessaires à une impression.

C'est grâce à des mécènes comme Jean de Rohan ou Jérôme Rodler que des petites localités comme Bréhan-Loudéac en Bretagne ou Simmern dans le Palatinat, produisirent une douzaine d'éditions intéressantes. Le plus souvent, ce sont des gens d'Église qui attirèrent les imprimeurs ; dans 43 villes, la première impression fut un livre liturgique ; dans 80 autres villes, ce fut aussi un ouvrage à caractère religieux. C'est dire que dans la moitié des villes où l'imprimerie fut introduite, il s'agissait de favoriser le travail des théologiens, de pourvoir aux besoins du culte et du clergé, et à l'édification des fidèles. Des imprimeurs furent même appelés pour travailler dans les couvents (Cluny, Dijon) et des imprimeries claustrales fonctionneront longtemps à Saint-Gall et à Einsiedeln. Des moines se firent eux-mêmes imprimeurs, tels les Frères de la Vie commune, premiers typographes de Marienthal (1474), Bruxelles (1475) et Rostock (1476). De leur côté, les membres des communautés israélites, florissantes dans le midi de l'Europe, s'intéressèrent vite à l'imprimerie où ils voyaient un moyen de multiplier les textes permettant de préserver leur religion et leur culture. Dès 1446, un juif d'Avignon demandait des caractères hébraïques à Waldvogel, et c'est avec des impressions hébraïques que la typographie apparut, entre 1475 et 1496, dans plusieurs villes italiennes (Piove di Sacco, Reggio de Calabre, Soncino, Casalmaggiore, Barco), portugaises (Faro, Lisbonne, Leiria) et espagnoles (Montalban, Guadalajara, Hijar) et, au XVIe siècle, au Maroc, en Palestine, en Égypte et en Turquie.

L'imprimerie ne s'était pas maintenue dans toutes les villes où elle était apparue. Beaucoup d'imprimeurs, appelés dans une ville pour une tâche précise, devaient déménager avec leur matériel et chercher du travail ailleurs quand celle-ci était terminée et que les besoins locaux étaient satisfaits.

La production du livre au XVe siècle provenait surtout d'imprimeurs stables qui avaient pu développer leur activité dans des villes où une demande suffisante permettait le fonctionnement régulier de leurs presses. C'est ainsi que les ateliers typographiques s'implantèrent dans les villes universitaires. Le cas de Paris est connu. C'est sur l'initiative du prieur de Sorbonne, Jean Heynlin, d'origine allemande, et du professeur et humaniste, Guillaume Fichet, que trois typographes allemands installèrent la première imprimerie parisienne, en 1470, dans les locaux universitaires ; aussi, publièrent-ils d'abord des textes classiques, en caractères romains, Gasparin de Bergame, Salluste, Valère-Maxime, Cicéron, Laurent Valla. Dès le XVe siècle, la plupart des grandes villes universitaires européennes possèdent des presses qui inaugurent leur activité par la publication de traités théologiques, juridiques ou médicaux, correspondant aux besoins de l'enseignement.

Mais la clientèle universitaire ne procurait pas toujours des débouchés suffisants. Les premiers imprimeurs parisiens durent quitter la Sorbonne au bout de trois ans et s'installer dans la rue Saint-Jacques où ils publièrent des livres en caractères gothiques à l'usage d'un public plus large. En fait, les principaux centres de production et de diffusion du livre imprimé furent très vite les grandes places commerciales : Strasbourg, Venise, Florence, Lyon, Anvers, Rouen, Francfort, et c'est en tant que telles qu'il faut y joindre Paris,

Cologne, Bâle et Leipzig, et non à cause de leurs universités. Ces grandes villes marchandes offraient à l'imprimerie trois conditions favorables. D'abord des débouchés plus larges, car elles comptaient une population relativement élevée où le livre pouvait recruter plusieurs clientèles. Le monde des universités et des collèges demandait des textes classiques, des ouvrages grammaticaux, des traités philosophiques et théologiques ; les églises, les chapitres et les couvents avaient besoin de livres liturgiques, de textes sacrés, de littérature patristique et spirituelle ; des parlements ou d'autres juridictions civiles utilisaient des ouvrages de jurisprudence et des recueils de coutumes et, pour tout un public plus large de bourgeois et de marchands, on imprimait, dès le XVᵉ siècle, des calendriers, des almanachs, des romans de chevalerie, des ouvrages de dévotion en langue vulgaire, des livres d'Heures. D'autre part, la fabrication et le commerce du livre exigeaient des mises de fonds élevées ; où pouvait-on mieux trouver des capitaux disponibles que dans les grandes villes commerciales ? Celles-ci facilitaient enfin la diffusion de la production ; situées à des nœuds de communication, elles disposaient de circuits commerciaux dont imprimeurs et éditeurs profitèrent pour écouler leur marchandise. Plusieurs, comme Lyon, Genève, Leipzig et Francfort, étaient villes de foire et le commerce du livre y bénéficia des échanges qui s'y faisaient sur le plan européen.

Chapitre V

DU MANUSCRIT MÉDIÉVAL
AU LIVRE MODERNE

I. – La présentation du livre

Les premiers imprimeurs ont conservé au livre la présentation du manuscrit, non pour tromper la clientèle comme on l'a cru parfois, mais simplement parce qu'ils ne pouvaient concevoir une autre forme du livre que celle qu'ils lui connaissaient. C'est peu à peu que les nécessités de la technique nouvelle amenèrent le livre imprimé à s'écarter de son modèle initial, et c'est au terme d'une évolution de près d'un siècle qu'il aboutit, vers les années 1530-1550, à la présentation que nous lui connaissons encore aujourd'hui, à quelques détails près. Aussi convient-il d'insister sur ce premier siècle du livre imprimé. On a coutume d'appeler *incunables* (du latin *incunabula* : berceau) les livres imprimés jusqu'à 1500 inclusivement. Si cette coupure est commode, elle n'en est pas moins factice ; des livres du XVe siècle ont déjà un aspect très moderne, alors que d'autres conservent fort avant dans le XVIe siècle une présentation archaïque. Une date flottant autour de 1530 constituerait une coupure plus logique.

1. **Les caractères.** – Pour dessiner leurs caractères, les premiers imprimeurs copièrent l'écriture des manuscrits et l'utilisèrent de même : gothique de forme dans les textes sacrés et les ouvrages liturgiques (*Bibles* à 42 et 36 lignes,

Psautier de 1457), gothiques de somme dans les grands traités (*Catholicon* de 1460), bâtarde dans les textes en langue vulgaire (éditions de Mansion à Bruges, de Vérard à Paris). Les caractères romains ressuscitaient la minuscule caroline ; ils avaient été mis à la mode par les humanistes qui avaient redécouvert les classiques dans des manuscrits de l'époque de Charlemagne. Ils apparurent, dès 1465, dans le livre imprimé, simultanément à Subiaco et à Strasbourg. D'abord limités aux textes latins classiques et aux œuvres des humanistes, ils ne supplantèrent les gothiques que dans les années 1540, ayant rencontré une vive résistance dans les ouvrages juridiques et liturgiques. Les caractères gothiques se maintinrent pourtant en pays germanique ; les textes allemands seront imprimés jusqu'au début du XXᵉ siècle en *Fraktur,* écriture issue de la bâtarde, et les textes flamands et néerlandais dans une gothique dérivée de la forme. Les plus beaux caractères romains du XVᵉ siècle furent ceux de Nicolas Jenson, imprimeur français établi à Venise ; ils inspireront ceux d'Alde Manuce quelques années plus tard et ceux que Claude Garamond gravera à Paris, vers 1540. Le même Manuce fit dessiner à Venise, en 1501, un caractère romain penché, dérivé de la minuscule humanistique, l'*italique* ; ce caractère permettait une impression plus serrée du texte. Alde put ainsi réduire les formats et publier des textes classiques en volumes portatifs, rompant ainsi avec la tradition des gros in-folio que l'imprimerie avait héritée du temps des manuscrits. Ce caractère n'est plus employé à plein texte de nos jours, mais il sert encore à souligner certains mots ou certains passages.

Il y eut d'autres essais dans l'histoire du livre pour imiter les écritures manuelles. Au milieu du XVIᵉ siècle, un imprimeur parisien établi à Lyon, Robert Granjon, grava des caractères inspirés de la cursive de l'époque, appelés « caractères de civilité » parce qu'ils servaient à imprimer la *Civilité puérile* d'après Érasme. Un siècle plus tard, l'imprimeur parisien Pierre Moreau publia plusieurs ouvrages en « écriture financière », reproduisant la calligraphie de son temps.

Les imprimeurs ont d'abord conservé les abréviations et ligatures dont usaient les copistes pour gagner de la place et du temps. Ils les éliminèrent progressivement pour alléger leurs casses et faciliter le travail de composition. Ils simplifièrent aussi la graphie des mots et influencèrent ainsi l'évolution de l'orthographe.

2. **Le texte.** – Le texte des premiers imprimés était très dense comme celui des manuscrits. Il n'était coupé que par quelques lettres ornées et des pieds de mouche qui indiquaient les paragraphes, mais il se présentait souvent sur deux colonnes. Il était fréquemment glosé, le texte principal, en gros caractères, étant complètement entouré de commentaires (gloses) imprimés dans un corps plus petit. Cela correspondait bien aux habitudes du Moyen Âge où l'on connaissait les œuvres mieux par leurs commentaires qu'en elles-mêmes. Puis les alinéas se dégagèrent peu à eu et reposèrent l'œil des lecteurs en éclaircissant des pages trop compactes.

Quand les annotations devinrent plus brèves, on les mit dans les marges en regard du texte. Ce sont les *manchettes* ainsi appelées parce qu'elles sont parfois accompagnées d'une petite main sortant d'une manchette, indiquant le passage concerné ; cela permettait au lecteur d'embrasser le texte et son annotation d'un seul coup d'œil. À partir du XVIIIe siècle, on prit l'habitude de rejeter les notes en bas de page, habitude qui s'est conservée. Mais certains livres actuels regroupent les notes en fin de chapitre ou même du volume, ce qui facilite le travail de l'imprimeur, mais pas celui des lecteurs.

3. **La structure.** – La forme du livre actuel est encore celle du *codex* de la fin de l'Antiquité. Au Moyen Âge, le livre était déjà constitué par des cahiers, c'est-à-dire par des feuilles de parchemin pliées et rassemblées. Le livre imprimé utilisa le papier de la même

façon et son *format* dépend du nombre de plis que l'on a fait subir à la feuille de papier sortie de la *forme* pour constituer chaque cahier. Dans un *in-folio,* la feuille est pliée une fois et chaque cahier a deux feuillets ; elle est pliée deux fois dans un *in-quarto* (in-4°) et chaque cahier a 4 feuillets, trois fois dans un *in-octavo* (in-8°) et chaque cahier a 8 feuillets, etc. Comme les manuscrits, les premiers imprimés n'étaient ni foliotés ni paginés, mais étant composés de nombreuses feuilles tirées à des centaines d'exemplaires, il fallait inventer des repères pour guider le travail des relieurs ; ce furent les registres, les signatures et les réclames.

Le *registre* était un relevé des premiers mots de chaque cahier ou des feuillets de la première moitié de chaque cahier ; il permettait aux relieurs de plier les feuilles et d'assembler les cahiers dans l'ordre voulu. On prit aussi l'habitude de désigner chaque cahier par une lettre de l'alphabet, imprimée dans le coin inférieur droit du recto des feuillets de la première moitié des cahiers, et suivie d'un chiffre indiquant la succession des feuillets ; ce sont les *signatures.* Elles subsistent aujourd'hui sous une forme simplifiée : un chiffre dans le coin inférieur de la première page de chaque cahier, souvent accompagné à gauche du titre abrégé de l'ouvrage. Les signatures permirent d'abréger les registres en deux ou trois lignes, car on se contenta de mentionner chaque cahier par sa lettre et d'indiquer le nombre de feuillets par cahier. Ces registres servent aujourd'hui à collationner les livres et à vérifier si les exemplaires sont complets. On se mit aussi à imprimer le premier mot de chaque cahier en supplément à la fin du cahier précédent ; ces mots d'appel sont les *réclames* ; ils guidaient le pliage des feuilles et furent en usage jusqu'au XVIIIe siècle. On en vint bientôt à imprimer le numéro de chaque feuille au coin supérieur droit de son recto, d'abord en chiffres romains, puis en chiffres arabes. Enfin, on ne numérota plus les feuillets, mais les pages des livres ; la pagination ne supplanta complètement la foliotation que vers la fin du

XVIᵉ siècle. Dès le XVᵉ siècle, on imprima aussi dans la marge supérieure de chaque page le titre abrégé de l'ouvrage ou du chapitre en cours ; c'est le *titre courant,* toujours en usage.

Comme les manuscrits, les premiers imprimés ne comportaient pas de titre. Ils étaient désignés par les premiers mots du texte, l'*incipit* ; cette absence d' « état civil » rend délicates la datation et la localisation de beaucoup d'incunables. On prit vite l'habitude de placer à la fin du volume une formule qui indiquait, en quelques lignes, l'auteur et le titre de l'ouvrage, le lieu et la date de l'édition, le nom de l'imprimeur ; c'est le *colophon* (d'un mot grec qui veut dire : achever). Ce colophon était souvent accompagné de la marque de l'imprimeur, d'abord marque très simple, reproduisant le signe qu'il traçait sur les ballots qu'il expédiait. Le texte commençait dès le recto du premier feuillet. Comme cette page avait tendance à s'abîmer, certains typographes ne commencèrent l'impression qu'au verso du premier feuillet. Puis ils furent amenés à imprimer sur le recto resté blanc le titre de l'ouvrage, abrégé en une ou deux lignes. Ensuite, l'espace resté vide sous le titre fut rempli par une illustration, le plus souvent la marque de l'imprimeur ou de l'éditeur. Celle-ci prit alors une fonction publicitaire (reproduisant l'enseigne de l'officine) et décorative, se chargeant d'ornements symboliques et allégoriques. Enfin, sous l'illustration ou la marque, furent peu à peu indiqués le lieu de l'édition, l'adresse du libraire qui vendait l'ouvrage et la date de sa publication. Apparu dès le XVᵉ siècle, l'usage de la page de titre avec tous ses éléments ne se généralisa que dans le second tiers du XVIᵉ. Le colophon put alors se réduire et souvent disparaître ; notre actuel achevé d'imprimer en est pourtant l'héritier.

II. – L'illustration du livre

Les premières décorations du livre imprimé furent celles du manuscrit. Les imprimeurs laissèrent d'abord aux enlumineurs le soin de peindre les lettres ornées et, jusqu'au début du XVIe siècle, certains imprimés continuèrent à recevoir des miniatures, des encadrements, des pieds de mouche et des bouts de ligne en couleurs. Quand le livre imprimé posséda sa décoration propre, peintres et enlumineurs y intervinrent encore parfois pour en rehausser les bois de couleurs.

1. **La gravure sur bois.** – En fait, beaucoup d'incunables échappèrent aux enlumineurs et restèrent sans décoration ; aussi les imprimeurs en vinrent-ils à orner eux-mêmes leurs éditions en utilisant les bois gravés. Étant en relief, ceux-ci s'assemblaient facilement dans la forme avec les caractères typographiques ; ainsi texte et images pouvaient-ils être imprimés en même temps. Dès 1460, Albert Pfister, imprimeur à Bamberg, pratiquait ce mariage dans ses éditions. Ainsi la décoration imprimée s'étendit-elle progressivement aux diverses parties du livre habituées à recevoir celle des enlumineurs : lettres ornées, encadrements de page, illustrations au début des ouvrages et de leurs principales parties, vignettes parsemant le texte.

Implantée en Allemagne avant la découverte de l'imprimerie, la gravure sur bois y pénétra vite dans le livre imprimé. Erhard Ratdolt, imprimeur à Venise dès 1476, puis dans sa ville natale d'Augsbourg jusqu'en 1522, fut un pionnier en ce domaine. L'illustration du livre allemand bénéficia alors de l'intervention d'artistes remarquables, à la fois peintres et graveurs, que domine Albert Dürer (1471-1528). Celui-ci a porté la technique de la gravure sur bois à un extrême degré de finesse comme en témoignent ses célèbres recueils : l'*Apocalypse*, la *Grande Passion*, la *Vie de la Vierge*. Ses contemporains, Hans Burgkmair, Urs Graf, Hans Baldung Grien, Hans Holbein, ont fourni des modèles de bois gravés pour plusieurs livres. Les ouvrages illustrés les plus appréciés sont pourtant dus à des artistes de moindre envergure : Erhard Reuwick (*Sanctarum peregrationum in montem Sion opusculum*, Mayence, 1486), Michael Wohlgemuth (*Weltchronik* de Schedel, Nuremberg, 1493), Hans Schoeufflein (*Theuerdank*, Nuremberg, 1517), etc.

Si les imprimeurs allemands, répartis à travers l'Europe, y marquèrent la décoration du livre au XVe siècle d'une empreinte germanique, les conditions artistiques propres à chaque pays agirent aussi. Le livre espagnol se ressent de l'influence moresque. En Italie, où l'art et la vie intellectuelle étaient déjà très évoluées, la décoration du livre prit rapidement un style original. Aux bois hachurés et denses des graveurs allemands, se substitua une illustration plus linéaire, faite de dessin au trait, empreinte d'influence antique et de légèreté classique. Le meilleur exemple en est l'*Hypnerotomachia (Songe de Poliphile)* de Francesco Colonna, publié par Alde Manuce à Venise, en 1499 ; les bois d'une pureté extraordinaire, mis en valeur par une mise en page étudiée, ont pu être attribués à Bellini, à Mantegna ou à des artistes de leur entourage.

L'illustration des premiers livres bénéficiait aussi de la technique des artistes habitués à travailler le bois. Le style des cartiers est manifeste dans les *Meditationes* de Torquemada (Rome, 1473) ; on le retrouve dans le livre lyonnais (*L'Abusé en court*, Les *Quatre fils Aymon*, 1480), dont les bois rudimentaires ne manquent pas de saveur. À Paris, l'illustration imprimée se répandit plus tardivement, peut-être à cause de la vitalité que conservaient les ateliers d'enlumineurs. Les bois, de facture plus souple et dégagés des influences étrangères, y apparurent dans des livres imprimés par Jean Dupré, Guy Marchant (*Danse macabre*, 1485), Pierre Le Rouge (*Mer des hystoires*, 1488) et pour Antoine Vérard (*Art de bien vivre et de bien mourir*, 1492,

Chroniques de France, 1493). Une grande part de la production était constituée par des livres liturgiques, et surtout les livres d'Heures qui furent le grand succès de l'édition parisienne pendant un demi-siècle (1485-1535). Tous étaient abondamment illustrés de grands sujets gravés sur bois et d'encadrements à presque toutes les pages.

2. **La gravure sur métal.** – Les imprimeurs purent utiliser des plaques de métal gravées en relief et les assembler dans la forme avec des caractères typographiques, mais la véritable technique de gravure sur métal était la *taille-douce.* Au lieu de préserver le dessin en enlevant la matière qui l'entourait, comme dans la taille d'épargne, l'artiste gravait directement le dessin en incisant la surface d'une plaque de métal (cuivre en général) avec un burin. Mais, pour imprimer une gravure en taille-douce, une pression plus forte était nécessaire, car l'encre était dans les creux ; on ne pouvait donc pas l'assembler dans une même forme avec des caractères typographiques, encrés sur leur relief ; il fallait procéder à un double tirage, ce qui provoquait perte de temps et difficultés de cadrage. Aussi la taille-douce fut-elle d'abord rarement utilisée dans le livre imprimé, mais, dans la seconde moitié du XVIe siècle, elle s'y implante pour en dominer l'illustration aux deux siècles suivants. Quelles sont les raisons de ce revirement ? Il n'y eut aucun changement dans la fabrication du livre et le problème du double tirage continuera à se poser aux imprimeurs dans les mêmes termes. C'est la technique de la taille-douce qui se transforme alors. Auparavant, les planches de cuivre étaient coulées, puis leur surface était dressée au tour ou battue au martinet ; elles étaient d'épaisseur variable et de surface irrégulière. C'est pour obvier à ces inconvénients que les graveurs préféraient utiliser le procédé « au criblé » ; un trait de burin à mainlevée

exigeait une surface plus régulière. Or c'est au milieu du XVIᵉ siècle que fut inventé le laminage qui permettait aux planches d'être minces, parfaitement planes, et de présenter une surface homogène au burin.

III. – Les textes imprimés

1. **La production.** – C'est à partir d'évaluations approximatives que l'on peut estimer la production du XVᵉ siècle à 30 ou 35 000 éditions en quelque 20 millions d'exemplaires ; l'Europe ne comptait alors pas plus de 100 millions d'habitants. Pour le XVIᵉ siècle, la production globale se situe entre 150 et 200 000 éditions, représentant près de 200 millions d'exemplaires ; 45 000 de ces éditions ont été imprimées en Allemagne, 26 000 en Angleterre, 3 500 en Pologne, 25 000 à Paris, 15 000 à Venise, 13 000 à Lyon, etc.

Même imprécision en ce qui concerne les chiffres de tirage. La nouvelle technique permettait de multiplier les exemplaires ; l'économie le suggérait aussi, car cela permettait d'étaler les dépenses occasionnées par la préparation de l'ouvrage et sa composition typographique. Mais les débouchés et la concurrence limitaient les tirages. S'ils étaient trop élevés, les invendus s'accumulaient et les capitaux engagés restaient immobilisés. De plus, dès qu'un ouvrage connaissait le succès, il était aussitôt contrefait par un autre imprimeur et la grande diffusion d'un texte s'exprimait plutôt par une multiplication des éditions que par des tirages élevés. La *Bible* de Gutenberg fut sans doute tirée à 300 exemplaires, mais beaucoup d'éditions antérieures à 1480 se contentaient de 100 ou 150 exemplaires. Par la suite, certaines éditions atteignirent 1 000, voire 2 000 exemplaires, mais la moyenne demeurait faible : 400 à 500 exemplaires à la fin du XVᵉ siècle, 600 à

1 200 au cours du XVIᵉ. Aux XVIIᵉ et XVIIIᵉ siècles, les tirages inférieurs à 2 000 exemplaires resteront les plus nombreux, la demande demeurant limitée, la concurrence sérieuse et le papier cher.

2. **Les textes.** – Les premiers textes imprimés prouvent que la découverte de Gutenberg était un événement médiéval ; au XVᵉ siècle, les trois quarts restent en latin, la moitié relève du domaine religieux.

Ainsi, la Bible, premier de tous les livres imprimés, eut environ 130 éditions au XVᵉ siècle et 1 300 éditions de commentaires de l'Écriture ont été publiées de 1465 à 1520. Les incunables comptent de nombreux livres liturgiques : 418 bréviaires et 73 diurnaux (partie diurne du *Bréviaire*), 364 missels, etc., et l'imprimerie du XVᵉ siècle diffusa largement les grands docteurs médiévaux : 205 éditions incunables de saint Albert le Grand, 189 de saint Bonaventure, 187 de saint Augustin, 174 de saint Bernard, 136 de saint Antonin de Florence, etc. Dans le même temps, apparaît toute une littérature destinée à alimenter la piété des fidèles : opuscules de piété, vies de saints isolées ou en recueils (140 éditions incunables de la *Légende dorée*), livres d'Heures (800 éditions entre 1485 et 1530). Rappelons que dans beaucoup de villes, les presses inaugurèrent leur activité par l'impression d'un livre liturgique ou d'un ouvrage religieux.

L'édition du XVᵉ siècle connaissait la littérature antique, mais avec une prédilection pour les auteurs que le Moyen Âge avait le mieux connus, copiés, traduits et adaptés : 332 éditions de Cicéron, 165 d'Aristote, 160 de Virgile, 135 d'Ésope, 135 aussi de Caton, 125 d'Ovide, 99 de Végèce, 93 de Boèce, 71 de Sénèque, etc. Les textes d'initiation grammaticale restaient ceux que le Moyen Âge utilisait : 365 éditions de Donat, 300 d'Alexandre de Villedieu. Les ouvrages juridiques représentent un dixième de la production imprimée du XVe siècle : beaucoup de recueils de coutumes et d'ouvrages de pratique, 200 éditions, totales ou partielles, du *Corpus juris civilis,* de nombreux commentaires et particulièrement ceux du jurisconsulte italien du XIVe siècle, Bartolo de Sassoferrato, édités aussi 200 fois ; beaucoup d'éditions aussi du *Corpus juris canonici* et de ses commentateurs. Le domaine « scientifique » couvre un autre dixième de la production incunable ; les grandes compilations médiévales de Vincent de Beauvais, Barthélémy de Glanville, Pierre de Crescens, Werner Rolevinck, avaient un large succès, mais l'imprimerie ne jouait guère de rôle dans le développement scientifique théorique. Elle rendit plus de service aux techniques en publiant, par exemple, les traités d'architecture d'Alberti et les ouvrages d'art militaire de Valturio. Les textes en langue vulgaire n'atteignaient pas le quart de la production, le public du livre restant en majorité public de clercs. Beaucoup sont des traductions, soit d'ouvrages de dévotion et de morale, soit des classiques alors édités. Peu d'ouvrages originaux et contemporains, sinon les romans de chevalerie, dont le succès n'était pas près de s'éteindre.

Les éditeurs du XVe siècle ont donc donné à la pensée médiévale une diffusion inespérée ; mais quel Moyen Âge ont-ils transmis ? Ils n'ont pas tout imprimé et ont dû faire une sélection selon des critères commerciaux. Soucieux d'écouler leur production et de réaliser des bénéfices, ils recherchaient des ouvrages susceptibles d'intéresser le plus grand nombre de leurs clients et leur choix ne révèle la pensée médiévale qu'à travers le prisme, peut-être déformant, du goût et des préoccupations des hommes du XVe siècle.

Les statistiques butent sur la date fatidique de 1500, terme des répertoires d'incunables. Mauvaise en ce qui concerne la présentation du livre, cette coupure l'est autant du point de vue des textes. Il est dangereux de prétendre dresser une frontière chronologique entre le Moyen Âge et la Renaissance ; pourtant le passage de l'un à l'autre en matière de livres se manifeste par des mutations et des ruptures dans la suite des éditions autour de 1520. Cette date semble marquer un terme à l'expansion d'ouvrages de caractère médiéval et de génie compilatoire, alors que les livres nouveaux prennent leur place. Il n'est guère facile d'expliquer ce phénomène ; on peut seulement remarquer que c'est autour de cette date que se répandirent les écrits des humanistes. C'est aussi en 1520 que Luther consomma sa rupture avec Rome, événement marqué par le bûcher du 10 décembre, où le feu ne consuma pas seulement la bulle du pape, mais aussi une pile de livres de droit canon. Était-ce un signe des mutations qui s'accomplissaient dans le domaine du livre ?

IV. – **L'humanisme et le livre**

L'humanisme était apparu dans l'Italie du XIVe siècle (Pétrarque, Boccace) et s'y était développé au XVe avec une pléiade d'écrivains et d'érudits comme le Pogge, Aeneas Sylvius Piccolimini (Pie II), Lorenzo Valla. La restauration des lettres antiques était le souci primordial de l'humanisme, qui a trouvé dans l'imprimerie un instrument de choix. Les typographes diffusent les textes classiques que le Moyen Âge avait conservés, mais ces écrits sont revus. L'humanisme fait un choix parmi les manuscrits et invente la critique textuelle ; il remplace les vieux commentaires par ceux de Beroaldo, Mancinelli, Sabellico, etc. En même temps, l'imprimerie révèle au public savant les textes anciens que les humanistes ont exhumés et toutes les œuvres latines essentielles sont diffusées.

Les lettrés byzantins, qui avaient fui l'invasion turque en 1453, s'étaient réfugiés en Italie et y avaient introduit la connaissance du grec. Aussi est-ce là que les caractères grecs firent leur première apparition dans le livre imprimé, d'abord par des citations dans les auteurs latins, puis par la publication intégrale d'auteurs grecs dans leur langue. Après quelques années, le grec se répandit hors d'Italie. À Paris, Gilles de Gourmont est le premier à imprimer des textes grecs, 25 éditions entre 1507 et 1517. Initiations grammaticales et textes classiques se multiplient et, à partir de 1525, l'étude du grec suscite un réel engouement dans les milieux intellectuels. Certains veulent même y joindre la connaissance de l'hébreu ; devenir *homo trilinguis* est l'idéal de bien des humanistes : c'est pour l'étude du latin, du grec et de l'hébreu que sont fondés le Collège des Trois-Langues à Louvain (1520) et le Collège royal à Paris (1530). C'est aussi dans des citations que les caractères hébraïques apparurent d'abord, mais la plupart des livres entièrement imprimés en hébreu ont été réalisés par des imprimeurs juifs pour les communautés israélites.

L'expansion des textes classiques se complétait par une multiplication de leurs traductions, élargissant un marché saturé de textes originaux, et correspondant au développement des langues nationales. Les rois encouragent la traduction des classiques par des écrivains de talent : Claude de Seyssel, Mellin de Saint-Gelais, Étienne Dolet, Clément Marot, Lazare et Jean-Antoine de Baïf, Jacques Amyot. Il y a aussi des traductions d'une langue moderne à l'autre ; ce sont surtout les auteurs italiens, Pétrarque, Boccace, qui écrivaient depuis longtemps dans leur langue, qui en ont bénéficié.

C'est dans le domaine de l'éducation et de l'enseignement que l'humanisme exerça l'influence la plus large. À la suite des humanistes, les protestants portèrent une attention spéciale aux études, développant partout écoles latines et académies. Les catholiques de la Contre-Réforme les imiteront, notamment les jésuites qui étendirent tout un réseau de collèges sur l'Europe catholique, à partir de 1550. Il est significatif que dans l'œuvre du prince des humanistes, Érasme (1469-1536), ce ne sont pas les travaux scripturaires ni les traités moraux qui eurent le plus de succès (bien que souvent imprimés), mais ses œuvres grammaticales ou pédagogiques comme les *Adages* (160 éditions de 1500 à 1560). Le *De Duplici copia verborum*, le *De Conscribendis epistolis*, les *Apophthegmata*, sans parler du succès durable de la *Civilité puérile et honnête*.

L'humanisme eut moins d'action dans le domaine scientifique, car son attachement aux auteurs antiques entravait le progrès de la recherche ; l'imprimerie du XVIe siècle ne contribua pas tant à favoriser les connaissances nouvelles qu'à enraciner d'anciens préjugés en vulgarisant des notions acquises. En géographie, la grande masse des écrits concerne le Proche-Orient et la Terre sainte, alors que bien peu encore traitent de l'Amérique. Les livres d'histoire ont une large audience, mais plutôt ceux d'histoire légendaire. En médecine, les modernes de Vésale à Fernel sont édités, mais la première place reste à Hippocrate et surtout à Galien ; l'imprimerie consacre la renommée de celui-ci : 19 éditions complètes et 620 d'œuvres séparées pour les XVe et XVIe siècles. C'est dans le domaine des sciences descriptives que l'imprimerie rendit alors les meilleurs services par le biais du livre illustré : grands recueils de Vésale et de Charles Estienne pour l'anatomie, de Brunfels et de Fuchs pour la botanique, de Gessner et de Belon pour la zoologie, d'Agricola pour la minéralogie, etc.

Tout cela a été rendu possible par l'action efficace d'imprimeurs et d'éditeurs qui ne se contentèrent pas d'être des techniciens habiles et de bons commerçants, mais qui surent participer aussi aux choses de l'esprit et être eux-mêmes des érudits. Citons brièvement quelques exemples caractéristiques. À Bâle, Amerbach et Froben, l'ami et l'éditeur d'Érasme. Alde Manuce à Venise. À Paris, Henri Estienne et son fils, Robert, Josse Bade, Simon de Colines, Michel Vascosan et autres répandent les textes classiques. Geoffroy Tory développe dans son *Champfleury* (1529) des théories modernes sur la construction de la lettre. Il est arrivé à des savants et des érudits de se faire eux-mêmes imprimeurs pour assurer la diffusion de leurs œuvres, tels l'astronome Regiomontanus à Nuremberg ou le mathématicien Appianus à Ingolstadt. L'architecte Androuet du Cerceau fut son propre éditeur à Paris.

V. – Le livre et la Réforme

Le 6 juillet 1415, Jean Hus montait sur le bûcher de Constance ; ses idées réformatrices ne mouraient pas avec lui, mais elles ne dépassèrent guère le cadre restreint de la Bohême. Un siècle après, le 31 octobre 1517, Luther affichait à Wittenberg un placard où il développait des idées analogues ; en quelques mois, toute l'Allemagne les connaissait ; dans les quatre années de polémique intense (1518-1521) qui marquèrent l'éclosion de la Réforme, 800 éditions d'une centaine de textes de Luther parurent en latin, en allemand et dans d'autres langues ; quand il mourut en 1546, 3 700 éditions de ses ouvrages, sans compter les traductions de la Bible, avaient été publiées, souvent dans des tirages importants. Nous voyons ainsi pourquoi Luther a réussi là où Jean Hus avait échoué ;

certes, les esprits avaient évolué, mais surtout Luther disposait pour la propagation de ses idées d'un instrument qui avait manqué à Hus : l'imprimerie.

En France, trois causes expliquent le développement des idées nouvelles. D'abord la diffusion de l'humanisme et des idées bibliques sous l'influence d'Érasme, de Lefebvre d'Étaples et du groupe de Meaux ; c'est ce que l'on a appelé la « Préréforme ». Ensuite, la présence d'Allemands dans les métiers du livre, canal tout désigné pour la pénétration des écrits luthériens en France ; les édits contre la diffusion des livres hérétiques mettront souvent en cause les imprimeurs et éditeurs étrangers. Enfin, la dispute qui opposait Luther à ses contradicteurs fut portée, en 1519, devant la Sorbonne qui ne rendit son verdict qu'au bout de deux ans, au cours desquels l'attention fut attirée sur les idées de Luther, tandis que ses écrits se répandaient partout.

La diffusion des écrits hérétiques se faisait secrètement à cause de l'opposition qu'elle rencontrait. On la saisirait donc mal si la répression dont elle fit l'objet ne jetait sur elle une lumière indirecte mais significative. Le 18 mars 1521, François Iᵉʳ invitait le Parlement à contrôler la vente des livres concernant la foi chrétienne et la sainte Écriture ; le 13 avril 1598, l'édit de Nantes prévoyait encore le contrôle des livres par les théologiens et défendait la diffusion des écrits diffamatoires. Entre ces deux dates, le siècle est jalonné d'arrêts, d'édits et d'ordonnances sur le même sujet, et sinistrement éclairé par la flamme de bûchers qui ne consumèrent pas que des livres, mais aussi les personnes qui les imprimaient, les vendaient, les distribuaient ou les possédaient. On peut faire des constatations analogues pour l'Allemagne et les Pays-Bas, grands producteurs de livres, qui, comme la France, eurent à souffrir des guerres religieuses. La répression du livre hérétique s'y était aussi organisée très tôt. Tout cela témoigne du rôle joué, dans la diffusion de la Réforme, par le livre, devant qui la multitude des textes se répétant constitue un aveu d'impuissance.

Ce n'est pas seulement en pays catholiques que la diffusion du livre connaissait des difficultés. En 1520, Luther brûlait la bulle du pape le condamnant et eut le geste significatif de placer sur le même bûcher des livres de droit canon. Il donnait ainsi le départ à un vaste mouvement de combustion de livres dont nous avons vu les effets, mais qui débordera le XVIᵉ siècle et les questions religieuses, car pour attaquer les idées on s'en prend toujours à leur véhicule ordinaire : le livre.

Comme en pays catholique, le contrôle de l'édition s'organisa rapidement dans les régions protestantes. On n'avait pas le droit d'imprimer à Genève sans la permission du Grand Conseil et les infracteurs étaient punis ; il y eut des emprisonnements, même des exécutions capitales comme celle de l'imprimeur Nicolas Duchesne, en 1557. La censure protestante ne visait pas seulement les ouvrages « papistes » ; la Réforme dut faire face à des dissidences et fut amenée à empêcher la diffusion des idées hétérodoxes. Ainsi, Hans Hergot, imprimeur à Nuremberg, fut exécuté à Leipzig, en 1527, pour avoir publié des écrits anabaptistes. En 1574, le synode de Dordrecht prenait des mesures contre les livres « hérétiques », dans des termes analogues à ceux des ordonnances des pays catholiques.

Les principaux centres de diffusion du livre protestant se situèrent d'abord en Allemagne. Dans la seconde partie du siècle, Genève où Calvin s'était installé en 1541, joua un rôle essentiel. Le nombre des réfugiés français y était énorme ; parmi eux, des libraires et des imprimeurs, comme Jean Crespin, Conrad Bade, Robert Estienne, etc. La figure la plus caractéristique fut celle de Laurent de Normandie qui monta à Genève une entreprise d'édition considérable ; quand il mourut, en 1569, il avait 35 000 volumes en stock et détenait des créances représentant 50 000 volumes en circulation ; par le livre, il a joué le rôle d'un véritable ministre de la propagande calviniste.

Dans la seconde moitié du XVIᵉ siècle, la Contre-Réforme se développant utilisa aussi le livre comme instrument de propagande. Les principaux centres de diffusion étaient Paris, Louvain, Cologne, Ingolstadt, toutes villes universitaires. La plus grande figure de ce mouvement fut le jésuite Pierre Canisius qui eut une influence considérable dans le monde germanique ; les éditions, traductions et adaptations de ses ouvrages se multiplièrent et son petit catéchisme (1558) fut publié plus de 400 fois en un siècle.

VI. – **Les hommes et les livres**

1. **Les métiers du livre.** – Métier neuf, l'imprimerie ne s'intégra pas d'emblée dans un cadre préétabli, mais son extension la fit entrer en liaison avec les anciens métiers du livre : copistes (on disait alors écrivains), enlumineurs, libraires passèrent progressivement de la fabrication et du trafic des manuscrits au commerce du livre imprimé. Or ces métiers étaient organisés, du moins dans les villes universitaires ; leurs membres appartenaient à l'Université et, quand les premiers imprimeurs s'établirent, ils passèrent facilement sous sa tutelle, d'autant plus que l'intérêt de leur commerce les rassemblait dans son quartier et que beaucoup venaient des anciens métiers du livre. Dans les autres villes, l'exercice du métier resta d'abord souple ; les libraires étaient d'anciens écrivains ou bien des merciers chez qui le livre avait fini par prendre une place prépondérante dans la diversité des marchandises qu'ils vendaient. Pourtant, dans la seconde moitié du XVIe siècle, la crise économique, les revendications des compagnons, la concurrence, la multiplication des contrefaçons obligèrent les maîtres à se regrouper et des corporations d'imprimeurs se créèrent dans toutes les grandes villes d'Europe pour faire observer des règlements toujours plus compliqués et défendre leurs intérêts professionnels.

Au début, la distinction n'était pas nette entre imprimeurs et libraires. Si certains libraires faisaient travailler pour eux des imprimeurs, les imprimeurs vendaient eux-mêmes les livres qu'ils fabriquaient et, en échange de ceux qu'ils livraient à leurs collègues, ils recevaient souvent, non pas de l'argent, mais d'autres livres qu'ils écoulaient dans leur boutique. La fonte et le commerce des caractères typographiques furent d'abord assurés par les imprimeurs eux-mêmes. Quant aux relieurs, ils restèrent longtemps de simples ouvriers travaillant dans l'atelier d'un imprimeur ou la boutique d'un libraire. La confusion était encore plus complète dans les villes secondaires où l'exercice d'un seul métier ne suffisait pas à faire vivre son homme ; le libraire y vendait aussi parchemin et papier, fabriquait de l'encre, reliait des livres et confectionnait des registres.

Le problème majeur de l'imprimerie est celui du financement. La constitution du matériel, l'achat de la matière première demandent d'importantes mises de fonds, récupérables à plus ou moins longue échéance selon que l'écoulement de la production est plus ou moins lent ; c'est ce qui explique les difficultés pécuniaires de beaucoup d'imprimeurs, à commencer par Gutenberg. Les réussites étaient dues à l'intervention d'un bailleur de fonds, un capitaliste, qui supportait les risques de l'entreprise et parfois même en prenait l'initiative. Ainsi, à côté de l'imprimeur qui fabriquait le livre, se développa un nouveau métier, celui de l'éditeur qui assumait les responsabilités commerciales, subventionnant la fabrication et assurant la vente.

C'est un riche marchand, Barthélémy Buyer, qui introduisit l'imprimerie à Lyon, en 1473 ; il employa un imprimeur liégeois de passage dans la ville et créa plusieurs succursales en France pour écouler sa production et bientôt aussi celle de ses confrères. Antoine Vérard, puis Jean Petit, jouèrent un rôle analogue à Paris ; de 1493 à 1530, ce dernier publia près de 1 500 éditions, en faisant travailler de nombreux imprimeurs et en s'associant aux meilleurs librai-res de la ville, avec qui il partageait les frais et la vente des éditions. Dans toute l'Europe, de grandes familles de librai-res fondaient des établissements dans différentes villes et étendaient leurs affaires par-dessus les frontières. Les Giunta de Florence avaient aussi des officines prospères à Venise et à Lyon, et des dépôts en Italie, en France, en Allemagne et en Espagne. Johann Rynmann, libraire à Augsbourg (1498-1522), et les frères Alantsee, libraires à Vienne (1505-1522), faisaient travailler des imprimeurs de nombreuses villes, de Strasbourg à Venise. Parfois l'im-primerie et l'édition restaient dans les mêmes mains. Anton Koberger, imprimeur à Nuremberg, de 1473 à 1513, fut l'un des principaux éditeurs de son temps ; son atelier em-ployait une centaine de personnes et 24 presses y fonction-naient ; il faisait aussi travailler d'autres imprimeurs et dis-posait d'agents dans les principales villes d'Europe. Ces grands éditeurs, aux relations étendues, devenaient souvent les intermédiaires obligés des imprimeurs et des libraires moins puissants, qui restaient les plus nombreux.

Les conditions de travail étaient dures dans l'imprimerie. La tâche se répartissait entre le composi-teur, assis, puis debout devant sa casse, le pressier qui manœuvrait la presse à imprimer, alors qu'un autre compagnon encrait les formes, le correcteur enfin, qui souvent n'était autre que le maître de l'imprimerie. La journée de travail commençait à 5 ou 6 heures du ma-tin et se prolongeait jusqu'à 7 ou 8 heures du soir, ne laissant qu'une heure libre pour le déjeuner, mais les jours chômés étaient nombreux. Le travail était pé-nible : les normes exigeaient un tirage de 2 500 feuilles par jour et souvent plus. Les salaires n'étaient guère plus élevés que ceux d'ouvriers moins spécialisés, alors qu'il fallait savoir lire pour travailler dans une impri-merie et même avoir des rudiments de latin. Enfin les patrons ne se gênaient pas pour réaliser des économies sur la nourriture et l'entretien des compagnons. Or, dans les grandes villes, ces compagnons imprimeurs étaient nombreux ; habitués à travailler en équipe, ils formaient des groupes très cohérents. Par deux fois, de 1539 à 1543 et de 1569 à 1573, ils organisèrent des grèves d'allure toute moderne à Paris et à Lyon ; il y eut des mouvements analogues à Anvers, à Francfort, à Genève. Les revendications étaient de quatre ordres : augmentation des salaires pour pallier la hausse des prix, réduction de la journée de travail, abaissement des normes de production, réglementation du nombre des apprentis que les maîtres multipliaient pour bénéficier d'une main-d'œuvre presque gratuite. Ce ne fut que sur ce dernier point que les compagnons purent obtenir quelque satisfaction.

2. **Législation du livre : privilèges et censure.** – Denrée commerciale, le livre imprimé était soumis à la concurrence et dut rapidement s'enfermer dans le système des privilèges pour se prémunir de la contrefaçon. Véhicule des idées, il s'attira vite une surveillance étroite de la part des autorités religieuses et civiles. Ainsi, de la protection commerciale au contrôle des idées, toute une législation complexe et tracassière entrava l'édition pour trois siècles.

Quand un éditeur publiait un ouvrage, rien n'empêchait ses collègues de faire réimprimer le même texte s'ils l'estimaient d'un débit assuré. C'est ce que l'on appelle la *contrefaçon*. Ce procédé paralysait les initiatives ; les éditions que les imprimeurs réalisaient s'écoulaient mal, car elles étaient contrefaites par des confrères qui pouvaient vendre meilleur marché, n'ayant pas eu à supporter les frais de la préparation des éditions et de la correction des textes. Aussi les éditeurs qui entreprenaient une publication furent-ils amenés à solliciter des Pouvoirs publics un *privilège* qui interdirait à qui que ce soit de publier le même ouvrage pendant un laps de temps déterminé. Dès 1479, l'évêque de Würzburg accordait un tel privilège et, au début du XVIᵉ siècle, des privilèges protégeaient les éditions dans toute l'Europe. En France, apparus sous Louis XII, ils étaient accordés par la Chancellerie royale, le Parlement ou de moindres juridictions, mais par l'ordonnance de Moulins (1566), le roi en réservait la collation à sa seule chancellerie. Ce système entraînait des inconvénients. En accordant des privilèges trop étendus ou en les renouvelant indéfiniment, le pouvoir créait des monopoles au profit de certains imprimeurs et libraires qu'il voulait favoriser. De plus, aucun accord international n'existait et les privilèges étaient lettre morte en dehors des frontières des pays où ils étaient octroyés.

Les idées que les livres véhiculaient inquiétèrent vite les autorités. Si l'Église avait souvent favorisé l'implantation de l'imprimerie, elle était gardienne de l'orthodoxie et devait empêcher la diffusion des idées hérétiques. Dès 1479, l'université de Cologne recevait de Sixte IV l'autorisation d'intervenir contre les livres hérétiques ; mesures semblables à Mayence en 1484, à Valence en 1487, à Venise en 1491, etc. Le développement de la Réforme entraîna l'intensification de ce contrôle et le pouvoir séculier prit cette affaire en mains. C'est alors que le privilège ne se contenta plus d'être une protection commerciale, mais, devenu obligatoire, il se mua en instrument de contrôle. Cette réglementation n'eut qu'une efficacité limitée. Le nombre des livres interdits augmenta tant que l'on dut en dresser des catalogues *(index)*. Ils continuèrent à se multiplier aux XVIIᵉ et XVIIIᵉ siècles et, tandis qu'une législation tracassière paralysait l'édition de certains pays, la production de pays à régime plus libéral, comme la Hollande, se développait à leurs dépens.

3. **La condition d'auteur.** – L'auteur qui tire un bénéfice régulier et normal de ses ouvrages est un concept moderne. Au Moyen Âge n'importe qui pouvait recopier n'importe quel manuscrit et autant de fois qu'il le voulait. Dans ses débuts, l'imprimerie publiait essentiellement des textes anciens et n'utilisait le service des érudits et des savants que pour le choix des manuscrits et la correction des textes. Quand elle se fut développée, la masse des textes inédits s'épuisa et les éditeurs recherchèrent des ouvrages nouveaux, tandis que les auteurs, conscients de la diffusion que l'imprimerie donnerait à leurs œuvres, apportaient de plus en plus nombreux des manuscrits aux libraires.

Si certains continuaient à travailler pour la gloire, beaucoup recevaient quelques exemplaires de leurs ouvrages qu'ils monnayaient de diverses façons, soit simplement en les vendant, soit le plus souvent en les offrant à leurs amis et à leurs protecteurs qui, habituellement, savaient les en remercier ; c'est ainsi qu'Érasme put parvenir à l'aisance. L'habitude de compter sur le mécénat amena aussi les auteurs à introduire en tête de leurs ouvrages des épîtres dédicatoires à la louange de grands personnages qui monnayaient leur gratitude. Dès le XVIe siècle, les éditeurs commencèrent à verser des sommes d'argent aux auteurs, mais ce n'est qu'au XVIIe siècle que les auteurs prirent l'habitude de vendre leurs manuscrits aux libraires ; les grosses sommes restaient pourtant rares et ils continuaient à compter sur les épîtres dédicatoires ; celle de *Cinna* rapporta 2 000 écus à Corneille. En vendant leurs manuscrits, les auteurs recevaient une somme forfaitaire et ne participaient pas au succès postérieur de leurs ouvrages. En fait, ni droit d'auteur ni propriété littéraire n'existaient encore.

C'est l'Angleterre qui ouvrit la voie. Dès 1667, Milton vendait son *Paradis perdu* et son éditeur promettait de renouveler en cas de réédition la somme qu'il lui donnait. En 1710, la question fut réglée sur le plan juridique ; le *copyright* (droit de reproduction) est accordé non plus à l'éditeur, mais à l'auteur qui devenait ainsi propriétaire de son œuvre. En France, se développa au long du XVIIIᵉ siècle une guerre de pamphlets et de procès, dont une doctrine devait finir par se dégager. Des arrêts de 1777 et 1778 reconnaissaient pratiquement la propriété littéraire des auteurs ; ces mesures furent complétées par la Convention (décrets-lois du 19-24 juillet 1793) qui jeta la base de la législation actuelle. La loi du 14 juillet 1866 dispose que la propriété de l'œuvre appartient aux héritiers de l'auteur pour une période de cinquante ans après sa mort et tombe ensuite dans le domaine public ; cette période a été augmentée d'un nombre d'années correspondant à la durée des deux dernières guerres. Des lois analogues définissent dans toute l'Europe les droits des auteurs. Ainsi, en faisant admettre leur droit à tirer un profit matériel de leur travail à être les maîtres de leurs œuvres, les écrivains ont peu à peu constitué le métier d'auteur. La protection internationale du droit d'auteur ne fut réalisée que par les conventions de Berne en 1886 et de Genève en 1952, révisées à Paris en 1971 ; encore certains pays n'y adhèrent-ils pas.

4. **Le livre et ses lecteurs.** – L'étude matérielle du livre n'en rend qu'un compte imparfait, car il ne prend son entière signification et n'atteint sa finalité propre qu'entre les mains de ses lecteurs. Ce dernier stade est difficile à saisir. Ainsi, les inventaires après décès, une des meilleures sources en la matière, sont d'une interprétation délicate, car leurs rédacteurs n'avaient pas de préoccupations intellectuelles et ne considéraient que la valeur marchande de l'objet. Cette attitude se retrouvait chez les particuliers qui rangeaient leurs livres les plus précieux avec l'argenterie et les bijoux.

Elle n'a pas disparu ; c'est toujours celle de certains bibliophiles pour qui l'illustration du livre, sa reliure, sa rareté priment le texte, sans parler de ceux qui ne considèrent le beau livre que comme une valeur de placement.

La multiplication des livres imprimés entraîna une augmentation des points de vente au cours du XVIe siècle. Rares au temps des manuscrits, les libraires deviennent plus nombreux. Après 1550, on voit même les merciers vendre, au milieu de marchandises très diverses, des livres d'Heures bon marché et des plaquettes de quelques pages relatant des nouvelles sensationnelles ou des événements prodigieux ; c'est un signe caractéristique de la vulgarisation du livre.

La première clientèle de l'imprimé restait celle du manuscrit, gens sachant lire ou ayant besoin du livre. L'imprimerie lui permit pourtant d'acquérir des livres plus nombreux et les bibliothèques devinrent plus amples et plus variées. Mais la vulgarisation du livre entraîne un élargissement de son public. Il pénètre dans la bourgeoisie marchande chez qui l'on trouve des opuscules de piété, des romans de chevalerie, des chroniques, des textes de médecine populaire. Les artisans eux-mêmes accèdent au livre pour des raisons pratiques ; orfèvres, verriers, enlumineurs, peintres, huchers, menuisiers, maçons, armuriers possèdent des ouvrages de « pourtraicture » qui sont des recueils de modèles, mais aussi des ouvrages illustrés servant au même usage. Enfin, le livre s'est, sinon répandu, du moins introduit dans les classes populaires.

Le livre d'Heures est un exemple excellent de cette diffusion. On le trouve partout, richement relié et à plusieurs exemplaires chez les personnes aisées, acheté pour quelques sous au mercier chez les gens modestes. Dans une édition parisienne de 1533, l'imprimeur explique que « l'intelligence que les lettres procurent aux doctes, l'image l'assure aux ignorants et aux simples » et il estime que par l'illustration « ceux qui ne connaissent pas leurs lettres peuvent lire et comprendre le secret des choses ». Un demi-siècle plus tard, l'avocat parisien, Simon Marion, constate encore que le succès de ces livres est tel que « un nombre infiny de ceux là mesmes qui ne sçavent pas lire tiendroient à indécence d'estre sans Heures ». Ainsi, à en croire ces deux témoignages, le livre avait réussi, par le biais des Heures, à pénétrer jusque chez les illettrés.

Les anciennes gravures montrent les livres posés sur des pupitres ou couchés sur des étagères. Leur multiplication entraîna un changement d'attitude des utilisateurs à leur égard ; elle exigea plus de place et l'on fut obligé de les ranger d'une façon plus rationnelle, c'est-à-dire de la façon dont nous les rangeons encore aujourd'hui. Cela se passait dans le dernier quart du XVIe siècle comme en témoigne l'habitude prise alors de frapper le titre des ouvrages au dos des reliures. Le développement des bibliothèques amena aussi leurs possesseurs à en personnaliser les volumes en y apposant des *ex-libris,* soit en inscrivant leur nom à la main sur la page de titre, soit en faisant frapper de leurs armes le plat des reliures, soit en faisant graver ces armes sur une vignette que l'on collait au contreplat supérieur des volumes. L'*ex-dono* est une inscription portée sur un livre par une personne qui l'offre à une autre ; quand le donateur est l'auteur de l'ouvrage, on parle d'*envoi* ou de *dédicace.* Si ces marques confèrent une valeur particulière aux volumes qui les portent quand elles proviennent de personnages célèbres, toutes présentent un intérêt documentaire certain, car elles renseignent sur la vie des exemplaires ; aussi faut-il éviter de les supprimer.

La situation des bibliothèques de collectivités se modifiait aussi. Celles des abbayes eurent souvent à souffrir des troubles religieux. La Réforme n'eut pourtant pas que des effets dévastateurs. En Allemagne, bien des bibliothèques de monastères sécularisés constituèrent le noyau de bibliothèques municipales ou vinrent enrichir celles des universités. Les grandes bibliothèques publiques, qui conservent les richesses du passé pour les chercheurs du présent et de l'avenir, tirent souvent leur origine d'initiatives prises au temps de la Renaissance. Les livres de Louis XII et de François Ier, rassemblés à Fontainebleau, formèrent le premier noyau de notre Bibliothèque nationale. Philippe II dota d'une riche bibliothèque le monastère de l'Escorial qu'il fondait en 1563. En 1571, les Medicis ouvraient au public savant de Florence la Bibliothèque laurentienne. À la même époque se développaient la Bibliothèque vaticane à Rome, la Bibliothèque marcienne à Venise, celles des universités d'Oxford et de Cambridge, etc. Les collections de manuscrits et d'imprimés constituées par les humanistes, les érudits et les savants de la Renaissance vinrent souvent enrichir ces grandes bibliothèques. Quelques-unes servirent à des fondations propres, comme celle de Rhénanus à Sélestat.

Chapitre VI

LE LIVRE DE LA CONTRE-RÉFORME
AU SIÈCLE DES LUMIÈRES

I. – Conditions nouvelles de l'édition

Il fallait insister sur le premier siècle du livre imprimé ; il prit alors une forme qui n'a pas tellement
varié depuis et se constitua une clientèle qui s'élargit
peu jusqu'à la fin du XVIIIe siècle. Cependant
l'évolution du livre participa aux vicissitudes de
l'histoire générale et subit les incidences des troubles
religieux et civils comme de la crise économique qui
s'étendait sur l'Europe dans la seconde moitié du
XVIe siècle. Le renchérissement des denrées affecta
d'autant plus l'industrie du livre que d'autres facteurs
vinrent s'y ajouter. Le papier subit une hausse provoquée par une demande accrue, alors que la matière
première, le chiffon, ne se multipliait pas pour autant.
Les livres imprimés depuis un siècle encombraient un
marché dont l'extension n'avait pas suivi les progrès
de l'imprimerie et les éditeurs subirent très tôt la
concurrence du commerce d'occasion. Enfin, la profession souffrait d'un avilissement certain ; n'importe
qui se mêlait du commerce du livre ; le temps des
grands imprimeurs humanistes était clos. Face à ces
difficultés nous avons vu les métiers du livre prendre
une structure capitaliste, s'enfermer dans un étroit système de réglementation et s'unir pour défendre leurs
intérêts, éliminer les concurrences et contrôler l'exer-

cice de la profession et l'accession à la maîtrise. C'est ainsi que se forma à Paris une corporation de libraires, imprimeurs et relieurs dont les statuts furent fixés en 1618-1619. À sa tête, un syndic et plusieurs adjoints élus chaque année eurent bientôt la charge exclusive de vérifier ce qu'imprimaient, vendaient ou recevaient leurs collègues, l'autorité royale ayant vite fait de cette corporation un instrument de contrôle. À la même époque de tels regroupements s'opéraient dans les principaux centres typographiques d'Europe.

Le concile de Trente, qui s'était déroulé entre 1545 et 1563, ouvrit l'ère de la « Contre-Réforme ». Ce mouvement ne fut pas sans influer sur l'évolution de l'édition où le livre religieux tenait encore tant de place.

Le concile prit plusieurs décisions capitales à ce point de vue. Dans le domaine scripturaire, la Vulgate est proclamée texte authentique de la Bible, révisée et publiée en 1590, et Sixte Quint en fait la seule version autorisée ; toutes les éditions catholiques de la Bible s'y référeront. Dans le domaine liturgique, les livres d'église sont épurés et l'on décide que le rit romain serait adopté partout. Dans le domaine scientifique, le concile encourage les travaux d'érudition religieuse, de patristique et d'histoire ecclésiastique pour faire face aux attaques des protestants. Dans le domaine canonique, le pape Pie V promulgue, en 1565, un *Index librorum prohibitorum,* catalogue des livres interdits par l'église catholique, souvent réédité et complété jusqu'en 1948 et supprimé seulement en 1966. Il édicte aussi des règles pour le contrôle religieux des livres et prescrit que tout manuscrit doit être approuvé par l'ordinaire du lieu avant d'être publié ; c'est l'origine du *Nihil obstat* (rien n'empêche) et de l'*Imprimatur* (peut être imprimé), qui figurent encore dans les livres catholiques. À Rome, Pie IV crée l'Imprimerie du Peuple romain (qui deviendra l'Imprimerie vaticane), qu'il confie à Paul Manuce en 1561, pour donner des éditions officielles de la Bible, des Pères, des décrets et du Catéchisme du concile de Trente. Il prétend même lui réserver l'exorbitant privilège de l'impression des livres liturgiques selon l'usage romain ; devant les protestations des rois de France et d'Espagne, il est entendu que les Plantin-Moretus à Anvers et une compagnie de libraires parisiens (la Compagnie des usages) partageront ce privilège ; les éditions des Pères donnent naissance à des monopoles analogues, comme la Compagnie du Grand navire à Paris. En fait, l'ampleur et les frais de telles éditions justifiaient le regroupement de plusieurs libraires et leur protection par privilèges. La Congrégation de la Propagande *(de Propaganda fidei)* est fondée à Rome, en 1622, par Grégoire XV pour la défense de la foi, la promotion des missions lointaines, la recherche de l'union avec les Orientaux. Dès 1626, on lui adjoint une imprimerie polyglotte, qui fonctionnera jusqu'en 1907 et diffusera de nombreux ouvrages philologiques, liturgiques, apologétiques et des relations de voyages, imprimés dans les langues les plus variées avec les caractères les plus divers.

II. – Évolution de l'édition européenne

1. **Allemagne.** – Les grands centres typographiques de l'époque précédente déclinent ; les trois principaux demeurent Cologne, Francfort et Leipzig. À Cologne, on relève 75 noms d'imprimeurs pour le seul XVIIe siècle ; avec son université, son collège de jésuites, ses réfugiés des Provinces-Unies et des régions d'Allemagne protestantes, cette ville devint un grand centre d'édition de la Contre-Réforme. Mais le trafic du livre connut sa plus grande activité à Francfort, où les foires attiraient des libraires de toute l'Europe depuis les années 1560-1570. Un commerce du livre basé sur le troc et l'accroissement de la production rendaient ces rassemblements nécessaires. Dès 1564, des catalogues annoncent ce que chacun apporte et servent de

base aux compilations bibliographiques de Bassé (1592), de Cless (1602) et de Draud (1610-1611), qui permettent de connaître la production européenne de l'époque. Les auteurs eux-mêmes fréquentaient Francfort et lui donnaient la physionomie d'une « nouvelle Athènes », selon le mot d'Henri Estienne, qui décrivait ces foires en 1574. Mais la guerre de Trente Ans rend les communications incertaines, ce qui incite les libraires à abandonner ces réunions périodiques. La relève est prise par les foires de Leipzig où le premier catalogue de livres avait été publié en 1595. Le trafic des livres y dépassera celui de Francfort, vers 1675, et sera florissant au XVIIIe siècle, mais la position orientale de la ville en fait moins un centre européen que Francfort. La production du livre en Allemagne souffre de la guerre de Trente Ans ; sa moyenne annuelle, qui était de 1 600 au début du siècle, tombe à 660 pour ne retrouver son chiffre antérieur qu'au milieu du XVIIIe siècle. La qualité du livre s'en ressent aussi ; on reconnaît un livre allemand de cette époque à son mauvais papier qui a absorbé une grande partie de l'encre que des caractères usés n'ont pas su retenir. Enfin, bien des bibliothèques sont ruinées tandis que d'autres, prises comme butin de guerre, changent de mains et vont parfois enrichir des fonds étrangers comme ceux de la Vaticane et des bibliothèques de Suède.

2. **Pays-Bas.** – À la fin du XVIe siècle, la décadence italienne s'accentue et la hausse des prix profite aux Flandres. Venise restera bien un centre typographique important, mais sa production dépassera peu le marché italien. La prospérité d'Anvers se manifeste dans le domaine du livre par une floraison d'ateliers typographiques, dont le principal est celui de Christophe Plantin.

Venu de Touraine, il installe une imprimerie, en 1555, et met ses presses au service de la Contre-Réforme et de la couronne d'Espagne. Parmi les 2 500 éditions qu'il publie en moins de quarante ans, beaucoup sont remarquables ; citons seulement la monumentale Bible polyglotte (1569-1572), dirigée par Arias Montanus et financée par Philippe II. 22 presses fonctionnaient dans son atelier et ses casses étaient remplies de nombreuses fontes de caractères dont les plus beaux avaient été gravés à Paris par Guillaume Le Bé. La qualité de ses éditions tient aussi à l'équipe d'érudits dont il s'était entouré : Lipse, Ortelius, Sambucus, de L'Escluse, Montanus, Dodoens, etc. Il avait plusieurs gendres, qui représentaient la firme plantinienne à Leyde et à Paris ; un autre, Jean Moretus, reprit la maison d'Anvers, en 1589, et publia encore de belles éditions, précédées de frontispices gravés d'après Rubens. La maison Plantin-Moretus subsistera jusqu'en 1876 ; la ville d'Anvers la rachètera alors pour en faire un musée consacré à l'histoire de l'imprimerie et du livre.

Le rôle commercial d'Anvers s'effondre en 1648, quand le traité de Munster ferme l'Escaut. La production des Pays-Bas espagnols est alors dominée par le livre religieux ; c'est à cette époque (1643) que les Bollandistes ont commencé une œuvre qui s'est continuée jusqu'à nos jours. Il faut citer aussi un ensemble de publications savantes dues aux Juste Lipse, Aubert Lemire, Erycius Puteanus et autres, qui font la transition entre l'humanisme du XVIe siècle et l'érudition du XVIIe. Il faudrait mentionner encore d'autres imprimeurs d'Anvers (tels les Verdussen), de Bruxelles (tels les Velpius et plus tard les Foppens), de Louvain et de Mons.

3. **Provinces-Unies.** – Au déclin commercial des Pays-Bas espagnols correspond l'essor des états du Nord qui s'en étaient séparés et regroupés sous le nom

de Provinces-Unies. Le XVIIe siècle est le siècle d'or de ce pays et l'on sait de quelle éclosion artistique s'est accompagnée sa prospérité économique. Celle-ci n'est pas la seule cause du développement de l'édition néerlandaise. Le climat de relative liberté qui régnait dans ce pays le favorisait aussi. Beaucoup d'auteurs qui craignaient la censure de leur pays se faisaient imprimer en Hollande ; c'est ainsi que le *Discours de la méthode* de Descartes fut publié à Leyde, en 1637. Une vie intellectuelle intense contribuait aussi à vivifier l'édition. L'université de Leyde, fondée en 1575, était fréquentée par des étudiants de toute l'Europe, venus suivre les cours de professeurs illustres ; d'autres universités s'ouvrirent à Franeker, Groningue, Utrecht et Harderwÿk. Alors que l'on ne relève que 250 imprimeurs, libraires et éditeurs dans ces régions pour les XVe et XVIe siècles, on en dénombre plus de 2 500 pour le seul XVIIe siècle. Les Provinces-Unies étaient une puissance maritime et la cartographie y avait pris un grand développement. Une famille illustra l'édition en ce domaine, celle des Blaeu à Amsterdam, mais ce sont les Elzevier qui dominent l'édition néerlandaise du XVIIe siècle.

Louis Elzevier, libraire à Leyde de 1580 à 1617, est à l'origine de cette puissante dynastie qui eut plusieurs maisons en Hollande et des comptoirs dans toute l'Europe. Devenue imprimerie, la maison de Leyde connut son apogée de 1625 à 1652, sous la direction d'Abraham et de Bonaventure Elzevier. La perfection technique caractérise leurs éditions ; le papier, venu d'Angoulême, est fin, mais excellent ; leurs caractères sont célèbres, bien qu'imités de ceux de Garamond ; comme Alde Manuce, ils préfèrent les petits formats plus faciles à exporter ; la finesse du papier et une typographie serrée permettent de faire tenir des textes amples dans des volumes portatifs. Ils s'assurent le concours d'érudits comme Daniel Heinsius, professeur à Leyde, et son fils Nicolas pour veiller à la correction des classiques latins qu'ils éditent en grand nombre. Ils lancent une collection dite des « Petites Républiques », descriptions statistiques et topographiques de divers pays. Une dernière part de leur production consiste en la publication d'auteurs contemporains, français notamment, parfois sous de fausses adresses ; avec eux la contrefaçon prend le rang d'institution dans l'édition européenne. Les éditions des Elzevier (plus de 2 000 authentiques) ont joui d'un grand prestige auprès des collectionneurs des XVIIIe et XIXe siècles.

4. **France.** – Après les guerres de religion, l'édition française amorce une reprise au début du XVIIe siècle, mais elle est gênée par les conditions économiques, les tracasseries de la censure, le système des privilèges et les règlements corporatifs. L'impression et le commerce du livre sont soumis à une législation stricte, comme en témoigne le *Code de la librairie et de l'imprimerie de Paris,* publié en 1744, par Saugrain ; mais la répétition des textes dont ce code fait état prouve que toute cette réglementation complexe était mal observée.

Richelieu s'efforce de rendre la censure efficace : il entend n'accorder des privilèges qu'aux livres vus par des écrivains ou des docteurs qu'il a désignés. C'est l'origine des censeurs royaux qui contrôlèrent tout ce qui se publia en France au XVIIe et au XVIIIe siècle. Il avait été frappé des services rendus à la couronne d'Espagne par l'imprimerie plantinienne ; aussi, en 1640, créa-t-il au Louvre un atelier typographique officiel, qui prit le nom d'*Imprimerie royale* ; il pensait lui attribuer des monopoles exorbitants, mais n'eut pas le temps de réaliser ce dessein. Cet établissement se borna d'abord à des impressions de luxe pour rehausser le niveau de l'édition française, et à la publication de grandes collections exigeant un large financement.

Les principaux libraires servent la Contre-Réforme, à Paris (Sébastien Cramoisy) comme à Lyon (Jacques Cardon). D'autres imprimeurs parisiens méritent d'être cités : Antoine Vitré, qui imprima une Bible polyglotte en 10 volumes (1628-1645), Augustin Courbé, qui fut l'éditeur à la mode de son temps (1629-1660), Coignard, qui publia les deux premières éditions du *Dictionnaire de l'Académie française,* etc. Mais les ateliers, trop nombreux, végètent ; ils doivent se mettre au service d'un grand éditeur ou se consacrer à la production lucrative, mais dangereuse, des contrefaçons et des livres interdits. En 1704, un édit général limite le nombre des imprimeurs dans les villes du royaume, « de crainte que ne trouvant pas assez d'ouvrage pour pouvoir subsister, ils ne s'appliquent à des contrefaçons ou à d'autres impressions contraires au bon ordre » ; en 1739, un nouvel édit réduit encore le nombre des imprimeurs autorisés. Les impressions françaises du XVIIᵉ siècle sont souvent de qualité médiocre ; peu de livres luxueux, sinon pour les auteurs à la mode : Chapelain (la *Pucelle,* 1656), Desmarets, les Scudéry, alors que l'on reste étonné par l'allure très modeste des volumes où furent publiés les textes de nos grands classiques.

5. **Espagne.** – On y constate aussi une récession dans l'édition. La censure obligatoire, établie dès 1502, s'était aggravée au temps de Philippe II. Les imprimeurs des Pays-Bas espagnols sont actifs et concurrencent ceux de la métropole ; par exemple, les Plantin-Moretus détiennent le monopole des livres liturgiques. En Espagne même, monastères et communautés religieuses se mêlent du commerce du livre en échappant aux taxes qui frappent les libraires. Enfin l'Italie, Genève, Lyon fournissent aussi le marché es-

pagnol. Tout cela, lié à la conjoncture générale, explique le déclin du livre espagnol ; la présentation est mauvaise, le papier de qualité inférieure, les caractères usés. C'est pourtant le siècle d'or de la littérature, l'époque de Cervantes, Gongora, Lope de Vega, Tirso de Molina, Calderon, mais ces écrivains ne sont pas mieux servis par le livre que nos classiques.

6. **Genève.** – Tandis que leurs collègues catholiques travaillent pour la Contre-Réforme, les imprimeurs protestants écoulent difficilement leur production. En France, la plupart végètent, sauf peut-être à Saumur. Quant à la prospérité de l'édition hollandaise, elle tient à des causes économiques et intellectuelles. Reste Genève, devenue un important centre d'édition au cours du XVIe siècle ; sa production s'était orientée vers l'exportation, mais la fixation des frontières religieuses et le contrôle du livre dans les pays catholiques en avaient restreint la diffusion. Aussi imprimeurs et libraires genevois abandonnent-ils le livre religieux au commerce local pour publier des ouvrages d'autres disciplines, ne prêtant pas le flanc à la censure et pouvant pénétrer plus facilement en pays catholiques ; ils vont même jusqu'à imprimer des œuvres de théologiens de la Contre-Réforme (Suarez). D'ailleurs le nom de Genève ne figure pas sur ces éditions ; le Conseil ne tient pas à ce qu'il apparaisse dans des livres qu'il n'approuve pas pour l'usage local ; de plus, ce nom aurait suscité la méfiance de la clientèle catholique. Il est alors traduit en *Aureliae Allobrogum* ou *Coloniae Allobrogum,* formes amphibologiques, voire remplacé par celui d'autres villes comme Lyon ou Francfort. Les livres genevois ont ainsi beaucoup circulé en France et dans la péninsule Ibérique.

III. – Développement de la presse

L'histoire du livre ne devrait pas négliger la presse, mais l'on ne peut s'étendre ici sur un sujet qui est traité par ailleurs[1]. Rappelons seulement les origines de la presse. Son histoire commence au XIIIᵉ siècle avec l'apparition de feuilles manuscrites contenant des informations récentes. Ce type archaïque de presse subsistera : les « nouvelles à la main » seront répandues jusqu'au XVIIIᵉ siècle. L'imprimerie donne un essor au commerce de l'information. Dès le XVᵉ siècle, on imprime des feuilles volantes ou des livrets de un ou deux cahiers, les *canards,* qui relatent un fait divers d'actualité ou racontent une histoire présentée comme telle, et les *occasionnels,* qui donnent des informations militaires ou politiques, publiées souvent à fin de propagande. L'édition des occasionnels connut en France trois périodes de pointe : le temps de la Ligue, la minorité de Louis XIII et la Fronde (mazarinades). L'idée de donner des informations d'une façon régulière s'est développée autour de 1600, époque où s'organisait la poste qui permettait la réception et la diffusion régulière des nouvelles. Les premiers recueils semblent être nés en Allemagne. Entre 1588 et 1598, Michael Eyzinger publie deux fois par an un volume relatant les principaux événements du semestre pour être vendu aux foires de Francfort de printemps et d'automne. En 1597, Léonard Straub imprime à Rorschach, près de Saint-Gall, le premier mensuel connu. Si la correspondance de Juste Lipse permet de croire à l'existence de gazettes régulières en 1602 et 1603, les plus anciennes publications hebdomadaires que l'on ait retrouvées datent de 1609 ; l'une est parue à Augsbourg, l'autre à Strasbourg. À Anvers, Abraham Verhoeven publie de nombreuses nouvelles entre 1605 et 1609, mais pas de périodique régulier avant 1620. En France, le premier périodique, *Le Mercure françois* (1611) n'était encore qu'annuel.

1. Voir le nº 1000 de la présente collection : F. Terrou, *L'Information* ; G. Weill, *Le Journal,* Paris, 1934 ; R. de Livrois, *Histoire de la presse française,* Lausanne, 1965, 2 vol. ; *Histoire de la presse française,* Paris, PUF, 1969.

Les gouvernements se rendirent vite compte de l'intérêt des gazettes et de l'opportunité de les surveiller et même de les inspirer. En France, le pouvoir favorise l'éclosion d'une presse officieuse, politique avec *La Gazette* (1631), littéraire et scientifique avec *Le Journal des savants* (1665), mondaine avec *Le Mercure galant* (1672). Une presse de langue française, plus libre, paraît aussi à l'étranger, notamment en Hollande. Au XVIII⁰ siècle, la presse se développe en France (350 titres de 1631 à 1789) et surtout en Angleterre, favorisée par un régime de relative liberté. Mis à part deux brefs essais en 1660 (l'un à Leipzig, l'autre à Londres), le premier quotidien parut à Londres, en 1702, et seulement en 1777 à Paris.

IV. – L'illustration
au temps de la taille-douce

1. **XVIᵉ siècle.** – La taille-douce s'impose dans l'illustration du livre au cours de la seconde moitié du siècle. L'édition anversoise joue un rôle déterminant en la circonstance, non seulement en raison des nombreux artistes qui travaillaient dans cette ville, mais aussi parce que la technique du cuivre était particulièrement avancée en pays flamand ; n'oublions pas que les Fugger d'Augsbourg, qui monopolisaient le commerce des métaux cuivreux, avaient leurs entrepôts à Anvers. Plantin utilise la taille-douce dès 1558, dans la *Pompe funèbre* de Charles Quint, et publie par la suite de nombreux ouvrages illustrés de même, faisant travailler d'excellents artistes comme les frères Wierix ou les Galle père et fils. En France, la taille-douce s'introduit vers 1540, lorsque les graveurs italiens ouvrent des ateliers où se forment des artistes français, comme Delambre, Androuet du Cerceau, Woeriot, Boyvin, mais ceux-ci travaillent peu pour l'illustration du livre. Une des premières réalisations en ce domaine

est l'*Épitome* de Balthasar Arnoullet (1546), avec une suite de portraits des rois de France, attribués à Claude Corneille, de Lyon. D'autres suivront, l'*Apocalypse figurée* (1561) de Jean Duvet étant l'une des plus originales. En Allemagne, Virgile Solis, illustrateur de la Bible, et Jost Amman (1539-1591), auteur de recueils sur les costumes et sur les métiers, continuent à employer le bois.

2. XVIIᵉ siècle. – Dans le livre de l'époque classique, il ne faut pas se contenter de considérer la forme de l'illustration, mais s'efforcer aussi d'en pénétrer l'esprit. Cette illustration se veut allégorique et morale ; il ne s'agit pas tant de décorer un texte que de procéder à une démonstration en recourant au symbole pour convaincre. Les allégories sont même codifiées dans une sorte de dictionnaire, l'*Iconologia* du jésuite Ripa (Rome, 1593), souvent réédité et traduit ; on y apprend comment représenter toutes les abstractions depuis l'amour profane jusqu'à la vérité. Ce souci de convaincre explique que beaucoup de livres n'aient qu'une seule illustration qui en ouvre l'accès : le titre gravé où l'artiste a concentré en un seul feuillet et par l'image les idées maîtresses de l'ouvrage ; l'illustration personnalise alors le livre et nous sommes loin des bois passe-partout du début du XVIᵉ siècle. Le goût de l'allégorie se manifeste aussi dans les recueils d'emblèmes que l'on publie depuis la Renaissance et qui sont devenus un genre littéraire avec Alciat (dont l'ouvrage fut souvent édité depuis 1531). Ces livres réalisaient l'union de l'image avec un texte épigrammatique ; ils fournissaient des modèles aux divers arts décoratifs, du mobilier à l'orfèvrerie. La postérité de ces recueils s'étend même dans le domaine non figuratif des devises, genre qui

eut tant de succès aux XVIe et XVIIe siècles, et aussi dans celui des fables (illustrations d'une morale).

L'estampe originale se développe ; elle est recherchée et collectionnée ; ainsi beaucoup d'artistes, peintres ou graveurs, n'ont guère travaillé pour le livre (Rembrandt par exemple). L'illustration du livre cesse d'être un art original, car elle est souvent constituée de planches qui se vendent aussi séparément comme estampes.

L'eau-forte apparaît aussi dans l'illustration du livre. Ce procédé consiste à enduire de vernis la plaque de cuivre, à tracer le dessin dans ce vernis, dégageant ainsi le métal que l'on attaque avec de l'acide nitrique (eau-forte) pour y provoquer des morsures qui recevront l'encre d'impression. Ce procédé confère plus de souplesse au dessin que la taille-douce et permet aux peintres et aux dessinateurs de graver eux-mêmes sans l'intermédiaire d'un technicien. Jacques Callot (1592-1635) a excellé dans ce domaine, mais a peu travaillé pour le livre. Abraham Bosse (1602-1676), dont le style est plus proche du burin, a illustré plusieurs ouvrages et a écrit un *Traité de la manière de graver en taille-douce* (1645) qui influencera plusieurs générations d'artistes.

Sous Louis XIV, se constitue une véritable école française d'illustration, où se distinguent François Chauveau, Jean Lepautre, Israël Silvestre et Sébastien Leclerc. Robert Nanteuil et Gérard Edelinck se spécialisent dans le portrait gravé, fréquent dans le frontispice. L'originalité de Claude Mellan (1598-1688) est l'utilisation de la taille simple ; l'absence de tailles croisées confère une grande légèreté à ses gravures, telles que celles fournies aux premières publications de l'Imprimerie royale.

À l'étranger, Rubens dessine pour les éditions de Moretus à Anvers de beaux frontispices gravés par Cornelis Galle. À Francfort, le graveur et libraire, Théodore de Bry, édite de grands ouvrages illustrés de voyages. L'œuvre de son gendre, Mathieu Merian, est dominée par l'illustration de la *Topographia* de Zeiller.

3. xviiie siècle. – Témoin d'une société cultivée, mais superficielle, le livre français du xviiie siècle cherche surtout à plaire. La littérature qui domine est galante, teintée d'érotisme et souvent artificielle ; elle trouve une illustration élégante, bien à sa mesure. Comme dans les autres domaines de l'art, l'étranger s'inspire souvent de la France ; les ouvrages du Suisse Salomon Gessner, qui était son propre illustrateur, et les gravures du Berlinois Chodowiecki en fournissent un bon exemple ; mais les recueils du Vénitien Gianbattista Piranesi ont une tout autre dimension et une puissante originalité.

En schématisant, on peut répartir l'illustration française de ce siècle en trois périodes. Dans la première (1715-1755), les traditions du xviie siècle survivent et l'on continue à faire appel aux peintres de métier pour l'illustration du livre : Gillot, Troy et Lemoine, Boucher, Oudry. Le milieu du siècle (1755-1775) est l'époque des livres à vignettes (illustrations de petit format intercalées dans le texte), la plus appréciée des bibliophiles ; les gravures sont souvent tracées à l'eau-forte et reprises au burin pour les détails ; quelques artistes se consacrent spécialement à l'illustration du livre : Gravelot, Cochin le fils et surtout Eisen dont la sensualité a réjoui plusieurs générations de bibliophiles. La fin du siècle (1775-1800) revient à plus de simplicité, ce qui ne va pas sans sensiblerie à l'époque de Rousseau et de Greuze, ni sans froideur au temps de David et du néo-classicisme ; deux noms dominent l'illustration du livre, Marillier, et Moreau le Jeune que l'on voit évoluer de la grâce du xviiie siècle à la rigidité du style Empire. Il faudrait encore citer les noms de Choffard, Coigny, Gabriel de Saint-Aubin, etc. C'est aussi à cette époque qu'apparaissent dans le livre les illustrations en couleurs, obtenues le plus souvent grâce à un procédé par repérage où les différentes teintes étaient imprimées successivement ; inventée par Leblon vers 1725, cette technique fut surtout utilisée par le graveur Gautier d'Agoty entre 1750 et 1775.

Le bois n'avait pas complètement disparu ; on continuait souvent de l'employer pour les bandeaux, les lettres ornées, les culs-de-lampe. Un renouveau se manifeste au XVIIIᵉ siècle ; un artiste original, comme Jean-Michel Papillon, se consacre entièrement à la gravure sur bois et publie même un traité sur ce sujet (1766). Autre innovation dans la décoration du livre, l'emploi de fleurons typographiques, dont l'assemblage permettait des motifs amples et variés. Peu employées jusque-là, ces vignettes de fonte sont mises à la mode par les fondeurs parisiens, notamment Pierre-Simon Fournier, qui en a présenté une grande variété de modèles dans son *Manuel typographique* (1764-1766).

V. – L'édition au XVIIIᵉ siècle

Au siècle des lumières, les idées nouvelles réussissent à forcer les barrières de la réglementation du livre et les systèmes de censure commencent à craquer. En France, entre le privilège et l'interdiction, le contrôle du livre établit plusieurs nuances : la permission du sceau, moins onéreuse que le privilège, la permission simple et la permission tacite ; cette dernière se multiplie après 1750, quand la direction générale de la librairie est confiée à Malesherbes qui justifie ainsi ce procédé : « Il s'est trouvé des circonstances où l'on n'a pas osé autoriser publiquement un livre, et où cependant on a senti qu'il ne serait pas possible de le défendre » ; les ouvrages publiés en France sous cette garantie portent souvent des adresses vagues et fausses : Amsterdam, Genève, Londres. De plus, certains livres semblent avoir été tolérés par la police sans avoir reçu quelque permission ni être inscrits sur un registre. Cependant la pression du Parlement et du clergé explique qu'il y ait encore des livres clandestins, ni permis, ni tolérés ; l'*Esprit des lois* et *Candide* doivent être publiés à Genève, *La Nouvelle Héloïse* à Amsterdam, éditions originales et contrefaçons se multiplient hors des frontières, notamment dans les Provinces Unies, les Pays-Bas autrichiens (Liège, Bruxelles), en Suisse et en Avignon qui était alors territoire pontifical. La contrefaçon n'atteignait pas seulement l'édition française ; elle sévissait aussi en Allemagne, particulièrement en Souabe.

En France, Paris domine le marché du livre ; parmi les principaux imprimeurs et libraires, citons Jacques Collombat, aussi fondeur de caractères, les Didot dont on reparlera, Lebreton, éditeur de l'*Encyclopédie,* Jombert, spécialisé dans les ouvrages mathématiques et techniques, etc. La centralisation et le système du renouvellement des privilèges (qui dure jusqu'en 1777) désavantagent la province qui ne publie que des ouvrages d'intérêt local ou des contrefaçons. C'est pourtant à cette époque que s'y installent quelques maisons d'un grand avenir, les Danel impriment à Lille depuis 1699, les Leroux à Strasbourg depuis 1729, les Aubanel en Avignon depuis 1744, les Mame à Angers puis à Tours depuis 1767. Il y avait, à Paris, des colporteurs choisis parmi les pauvres et les invalides des métiers du livre, dont l'activité était réglementée. Comme ils proliféraient et vendaient n'importe quoi, un arrêt de 1722 limita leur nombre à 120, en rappelant qu'il leur était permis : « Seulement de vendre des édits, des déclarations, ordonnances, arrêts ou autres mandements de justice... des almanachs et des tarifs, comme aussi des petits livres qui ne passent huit feuilles. » Il en existait sans doute aussi dans les campagnes, mais le plus gros du commerce du livre y était fait par des libraires forains qui allaient de ville en ville avec des charrettes chargées de nombreux livres. En Allemagne, l'âge d'or de la littérature est servi par de grands éditeurs qui diffusent les œuvres des écrivains classiques, tels Göschen à Leipzig, Unger à Berlin, Cotta à Tübingen puis à Stuttgart. En Angleterre, la levée de la restriction qui limitait l'exercice de l'imprimerie à quatre villes et l'essor littéraire du XVIIIᵉ siècle ouvrent de larges perspectives au livre ; les industries annexes se développent et des fonderies de caractères s'installent dont la plus célèbre est celle de William Caslon ; à Glasgow, les frères Foulis publient, de 1740 à 1795, des éditions classiques soignées. Le livre espagnol connaît un renouveau à l'époque de Charles III (1759-1788) ; sa présentation s'améliore et il est servi par de bons imprimeurs comme Joaquim Ibarra et Antonio Sancha à Madrid ou les Montfort à Valence. Cependant trois imprimeurs jouent un rôle déterminant dans l'évolution générale du livre : Baskerville, Didot et Bodoni.

John Baskerville, fondeur de caractères et imprimeur à Birmingham, de 1750 à 1775, crée un nouveau type de lettres, très géométrisées, accusant les pleins et les déliés, élégantes mais un peu grêles ; avec John Whatman, il se préoccupe de la fabrication du papier sans vergeures, dit vélin ; il publie notamment des éditions classiques : Virgile (1757), Horace (1770), Térence (1772). À sa mort, son matériel typographique est acquis par Beaumarchais qui installe un atelier à Kehl, dans le duché de Bade, pour imprimer les œuvres de Voltaire et de Rousseau. La dynastie des Didot, qui exerça l'imprimerie jusqu'à nos jours, fut fondée par François, reçu libraire à Paris, en 1713. Son fils, François-Ambroise, fut l'initiateur de plusieurs perfectionnements techniques ; il introduisit en France la fabrication du papier vélin ; il inventa la presse à un coup et remplaça les formes de bois par des formes métalliques ; il créa le point typographique pour la mesure des caractères ; il fit graver par Waflard et son fils Firmin de nouveaux caractères qui ont la clarté et la rigidité du style néo-classique. Imprimeur à Parme, de 1776 à 1813, Gianbattista Bodoni œuvre dans le même sens que Baskerville et Didot ; il crée des caractères d'une grande régularité, accentue la géométrisation de la lettre et l'opposition entre les pleins et les déliés ; ses recherches typographiques sont condensées dans un *Manuale* publié en 1818, après sa mort. Ces trois imprimeurs renouvellent la présentation du livre et commandent le goût typographique du XIXe siècle. Ils dégagent le livre de sa présentation archaïque par une grande sobriété d'ornementation et une construction qui est souvent purement typographique ; c'est ce qui confère un aspect si moderne à leur production.

Les grandes collections documentaires d'ouvrages de référence tiennent une place considérable dans l'édition du XVIIIe siècle que l'on aurait tort de limiter à la littérature galante.

Il faut rappeler l'œuvre des bénédictins de Saint-Maur, établis à Saint-Germain-des-Prés, dont l'intense activité a rendu proverbiale l'érudition bénédictine ; les noms les plus connus sont ceux des PP. Mabillon et de Montfaucon. Le XVIIIe siècle voit paraître beaucoup d'ouvrages consacrés aux beaux-arts, de publications scientifiques soignées, de grands recueils de voyages illustrés. C'est aussi le temps des dictionnaires qui manifestent les multiples curiosités du siècle des lumières ; à côté des dictionnaires comportant des définitions, apparaissent des recueils plus amples rassemblant de véritables articles ; l'*Encyclopédie* (1751-1772) en est l'exemple le plus connu, mais est loin de constituer un phénomène isolé ; pensons, par exemple, à l'*Universal Lexikon* (1732-1750) de Zedler à Leipzig.

La fin du siècle est marquée par de grands bouleversements dans la conservation des livres. La suppression des jésuites provoque la dispersion de leurs riches bibliothèques. En Autriche, Joseph II ferme les monastères qu'il estime inutiles ; leurs bibliothèques enrichissent celle de

Vienne et servent aux établissements d'enseignement. En France, la Révolution, qui supprime les couvents et confisque les biens des émigrés, met une grande quantité de livres à la disposition de l'État ; c'est à partir de là que sont créées nos bibliothèques municipales ; un choix des plus beaux manuscrits et des imprimés les plus précieux est dirigé sur Paris où la Bibliothèque royale, devenue nationale, s'accroît de 300 000 volumes d'un seul coup. l'exemple de la France, plusieurs États allemands sécularisent les biens ecclésiastiques, enrichissant les bibliothèques des villes et des universités et dépouillant les provinces pour engorger les capitales. La nationalisation des bibliothèques privées mit à la disposition du public savant une ample documentation qui restait souvent peu connue et mal accessible ; mais elle s'accompagna de pertes dues aux déplacements et à un vaste pillage. Si de nombreux livres furent jetés sur le marché d'occasion et permirent la création de belles collections particulières au XIXᵉ siècle, il y eut aussi de regrettables destructions volontaires. Ainsi, en envoyant au pilon : « tout un fatras de livres de prières et de dévotion inutiles, de légendes et autres absurdités théologiques », selon les termes d'une ordonnance de Joseph II, on fit disparaître toute une littérature religieuse qui fait défaut à la recherche d'aujourd'hui.

Chapitre VII

LE LIVRE MODERNE *Résumé.*

I. – La révolution industrielle et le livre

Des innovations techniques, liées à la révolution industrielle, ont assuré à la production du livre une croissance extraordinaire au cours du XIXᵉ siècle. Leur efficacité dépendait de leur conjonction ; l'abondance du papier était inutile si la presse n'était pas améliorée, et réciproquement ; la rapidité des presses restait vaine tant que la composition typographique demeurait lente, etc.[1].

Le support essentiel du livre, le papier, restait limité par la relative rareté de sa matière première, le chiffon, et par sa fabrication manuelle, longue et délicate. Ces deux problèmes sont résolus au XIXᵉ siècle. Le papier est fabriqué mécaniquement grâce à la machine inventée par Louis-Nicolas Robert (1798) et perfectionnée en Angleterre par Gamble, Fourdrinier et Donkin. En 1991, une machine à papier journal aux Papeteries de Golbey était capable de débiter 1 500 m à la minute en 8,70 m de large. Plusieurs expériences avaient été tentées au XVIIIᵉ siècle pour renouveler la matière première à partir de fibres végétales ; à partir de 1843, on utilise de la pâte de paille pour la composition des journaux, remplacée bientôt par de la pâte de bois. Le développement du papier en a fait aussi sa propre matière première, puisque les pâtes de récupé-

1. On trouvera plus de détails sur ces questions techniques dans le nº 1067 de la présente collection (G. Martin, *L'imprimerie*) et dans l'ouvrage de A. Bargillat, *L'imprimerie au XXᵉ siècle,* Paris, 1967.

ration couvrent environ le quart de la consommation. En 1987, la production mondiale des papiers et cartons s'élevait à 215 611 millions de tonnes dont 83 590 pour l'Amérique du Nord, 71 692 pour l'Europe et 22 537 pour le Japon. La production française était de 7 677 000 tonnes en 1992 : 47 % pour les usages graphiques, 45 % pour l'emballage et le conditionnement, 5 % pour les usages domestiques et sanitaires, 3 % de papiers spéciaux.

La fabrication du livre restait lente, car la vieille presse à bras avait peu varié depuis Gutenberg. Vers 1780, François-Ambroise Didot double sa capacité en réalisant la presse dite à un coup ; puis l'on fabrique plusieurs types de presses métalliques et celle de Stanhope (1808) reste le modèle le plus achevé des presses à bras ; les nombreuses innovations que Friedrich Koenig (1774-1833) apporte à la presse (mécanisation, remplacement de la platine par un cylindre, encrage automatique) ouvrent l'ère des machines à imprimer modernes. La *rotative* (où le cliché est fixé sur un cylindre), conçue dès 1816, perfectionnée au cours du siècle, est communément employée pour l'impression des journaux et des magazines.

Ces progrès restaient entravés par la lenteur de la composition typographique, nécessitant le maniement de ces milliers de prismes minuscules qu'étaient les caractères. De nombreux essais sont faits au cours du XIXe siècle pour obtenir des machines alignant les caractères, assurant leur retour et justifiant les lignes. Mais ces composeuses mécaniques mettaient en jeu des éléments trop nombreux et trop lourds ; l'avenir appartenait aux composeuses-fondeuses qui fondaient les caractères au fur et à mesure des besoins ; la *linotype,* inventée en 1884 par Mergenthaler, compose et fond des lignes entières ; la *monotype,* inventée en 1887 par

Lanston, fournit aussi des lignes justifiées, mais faites de lettres et d'espaces fondus individuellement, ce qui facilite les corrections éventuelles. D'un maniement facile et rapide, ces machines ont supplanté presque complètement la composition manuelle.

De nouveaux procédés d'impression apparaissent aussi. La photographie bouleverse l'illustration et même la composition du livre en l'ouvrant aux procédés mécaniques et en supprimant l'intermédiaire obligatoire d'artistes et d'artisans chargés d'interpréter les images à reproduire, sur le bois, le métal ou la pierre. Plusieurs procédés l'utilisent : le *cliché-trait,* la *phototypie,* la *similigravure,* ainsi que des procédés en creux comme l'*héliogravure.* Un procédé d'impression artisanal à plat, la *lithographie,* inspira aussi un procédé mécanique, très utilisé actuellement, l'*offset.*

II. – La présentation et l'illustration

La présentation générale du livre reste déterminée par les recherches de Baskerville, Didot et Bodoni.

L'époque romantique continue à employer leurs caractères, même si elle se livre à des fantaisies typographiques dans les titres. Une réaction dans le sens archaïsant se produit au milieu du siècle : caractères *augustaux* de Perrin (1846), *elzevirs* de Beaudoire (1858). Au début du XXᵉ siècle, Grasset, Auriol, Naudin dessinent des caractères originaux, mais, manquant de simplicité et trop liés au goût de leur époque, ces caractères ne lui ont pas survécu. Plus près de nous, signalons les caractères réalisés par la fonderie Deberny-Peignot (Cochin, 1918) et ceux dessinés par Cassandre. Sous l'influence de la publicité et de l'affiche, des recherches ont été entreprises et des caractères de tous genres se sont multipliés, mais la typographie courante ne les a pas avalisés. Le texte de la plupart des livres reste composé avec des caractères classiques qui possèdent la première qualité que l'on puisse exiger en la matière : la lisibilité. On peut ranger les caractères actuellement utilisés en quatre familles. Les *elzevirs* dont l'empattement est triangulaire ; le garamond et la plupart des anciens romains appartiennent à cette famille. Les *didots* dont l'empattement est filiforme ; le bodoni en fait partie. Les *égyptiennes* où les barres d'empattement sont aussi épaisses que le plein de la lettre. Les *antiques* où les lettres ont une épaisseur uniforme et sont dépourvues de pleins, de déliés et d'empattements ; ce sont les caractères bâtons, très répandus en Allemagne sous le nom de *Grotesk*.

On assiste aussi à des recherches de mise en page. Malgré son goût archaïsant, l'Anglais William Morris (1834-1896) a exercé une large influence en ce domaine. Plus près de nous, citons les travaux des Français Bernouard et Vox ou encore de Louis Jou qui a voulu que ses livres ne doivent leur attrait qu'à leur présentation typographique. Les recherches actuelles vont même jusqu'à des audaces de mise en pages avec des lignes sinueuses, des enroulements de lettres, etc., réduisant le texte à un élément décoratif ; mais cela ne concerne que le livre de luxe et le livre courant garde une présentation classique, car il est d'abord fait pour être lu. La présentation extérieure évolue aussi. Le livre ancien se vendait toujours relié ; c'est à la fin du XVIIIe siècle que l'on commença à le vendre broché, sous couverture muette. À quelques exceptions près (*Galerie universelle* d'Imbert de La Platière, en 1787-1788), l'habitude des couvertures imprimées ne s'établit qu'au début du XIXe siècle ; peu à peu l'illustration y trouvera place.

L'illustration du livre bénéficie alors de plusieurs procédés nouveaux. La gravure sur bois se renouvelle par une taille au burin sur des blocs de bois pris perpendiculairement au sens des fibres ; c'est la technique du *bois de bout* qui permet des dessins plus fins et plus libres. La taille-douce et l'eau-forte sont toujours employées ; on grave aussi sur acier, ce qui donne à l'image un aspect plus fin et plus velouté. À la fin du XVIIIᵉ siècle, le Bavarois Senefelder découvre les propriétés d'une pierre calcaire qui absorbe facilement la matière grasse et l'eau, alors que celles-ci ont une répulsion réciproque ; jouant sur ce phénomène, il met au point la *lithographie*.

La décoration du livre sous l'Empire et la Restauration participe au néoclassicisme ambiant comme le manifestent les belles éditions des Didot, illustrées dans le style davidien. L'illustration romantique met à profit les possibilités apportées par les nouvelles techniques et s'inspire de l'esprit qui anime la littérature de l'époque ; le style troubadour et gothicisant se manifeste tôt, dès 1803, dans les *Poésies* de Clotilde de Surville ; il se répandra après 1820 et se prolongera dans les eaux-fortes de Célestin Nanteuil. On a pourtant coutume de dater de 1828 le début du livre romantique avec les lithographies de Delacroix pour une traduction du *Faust* de Goethe.

La période qui s'étend jusqu'en 1840 est dominée par l'art des vignettistes, Devéria, Johannot, Gigoux, qui utilisent le bois de bout pour parsemer le texte d'images vivantes et légères. Après 1840, l'évocation des scènes de mœurs prend une large place dans le livre ; tandis que Charlet et Raffet contribuent par l'illustration à la diffusion de la légende napoléonienne, Daumier peint les mœurs de son époque dans ses célèbres lithographies, mais il travaille plus pour la presse que pour le livre ; Gavarni illustre le parisianisme bohème où évoluent lorettes et étudiants ; le domaine de Grandville est celui du bizarre et du fantastique ; son art de la transposition le fait passer pour un précurseur du surréalisme. Ces artistes, ainsi que Henri Monnier, le père de Joseph Prudhomme, Bertall, Cham, etc., collaborent aux recueils publiés dans les années 1840-1850 et fournissent des dessins humoristiques à une presse spécialisée *(Caricature, Charivari...)*.

Après 1850, l'illustration du livre perd son originalité. Pourtant Gustave Doré y fait encore passer un romantisme autrement large et fougueux que celui des vignettistes des années 1830-1840. C'est alors que la photographie apparaît dans le livre ; mais, si elle est utilisée dès 1852, dans *Égypte, Nubie, Palestine et Syrie* de Maxime Du Camp, elle ne prendra une place considérable que dans notre siècle ; par exemple, ce n'est qu'en 1894-1895 qu'elle s'introduit dans *L'Illustration* et *Le Monde illustré,* mais dix ans après elle y aura complètement supplanté le bois. Cependant l'illustration traditionnelle continue sa carrière, le bois avec Lepère et Vierge, l'eau-forte avec Flameng et Rops, la lithographie avec Steinlen. Elle suit les courants de l'époque et s'adapte au *modern style* en 1900 avec Eugène Grasset, et au style *arts décoratifs* en 1925 avec François-Louis Schmied. En travaillant pour le livre, les grands peintres comme Manet (1874), Toulouse-Lautrec (1899), Bonnard (1900), Denis, Derain, Dufy, ouvrent une ère nouvelle et le livre de peintre domine actuellement la production du livre de luxe. Si l'on y rencontre de grands noms (Rouault, Picasso, Chagall, Dali et, plus près de nous, Miro, Dubuffet, de Staël), le snobisme et la spéculation favorisent la multiplication de livres de moindre intérêt. D'ailleurs, tirés à très peu d'exemplaires (100 à 300) et vendus fort cher, ces volumes sont avant tout considérés comme objets d'art ou valeurs de placement et ne sont guère faits pour être lus. Ainsi échappent-ils presque complètement à l'histoire du livre.

La présentation du livre contemporain se caractérise par un appel de plus en plus large à l'image et à la couleur. Beaucoup de livres se parent de couvertures multicolores et rendues brillantes par l'application d'une pellicule transparente ; quand ces couvertures sont mobiles, on les appelle des *jaquettes.* Une simplification est intervenue dans la fabrication : le dos des cahiers est coupé au massicot, la couverture est appliquée au moyen d'une colle très adhésive et il n'est plus besoin de couture. Ce procédé est surtout employé pour des livres bon marché ; il rend leur conservation difficile, car la disparition de la structure des cahiers n'en permet plus une reliure convenable.

Depuis les années 1870-1880, la pâte de bois est devenue la matière première essentielle du papier. Celui-ci résiste mal au vieillissement à cause de la présence de lignine, corps non saturé ; il jaunit souvent, devient cassant et compromet la conservation des exemplaires. Le papier des livres romantiques laissait déjà apparaître des taches d'humidité. En outre, si les livres anglais et allemands étaient vendus sous reliure d'éditeur, les livres français demeuraient brochés, sauf les livres scolaires, les ouvrages pour la jeunesse et les livres de prix aux cartonnages rutilants. Cette insuffisance explique le succès des clubs de livres ; apparus en Allemagne et en Suisse en 1928, ils gagnent la France après la dernière guerre ; ils recrutent directement leur clientèle par correspondance et lui proposent une sélection d'ouvrages de valeur éprouvée. Les volumes, tout en se cantonnant dans des prix modérés, sont imprimés sur du papier de bonne qualité, dans une typographie soignée, toujours reliés[1], quelquefois avec goût. Constituant une concurrence sérieuse pour l'édition traditionnelle, ils ont incité celle-ci à améliorer la présentation matérielle du livre et l'on parle de livres en « présentation club » ; ainsi on estime que 31 % des titres et 37 % des exemplaires, publiés en France en 1982, ont été vendus reliés. Les clubs ont aussi amené au livre une clientèle qui n'achetait guère, parce qu'elle était trop éloignée du libraire ou que l'on n'avait pas su provoquer son goût pour la lecture.

III. – L'édition moderne

Les progrès de l'alphabétisation, le renouvellement des techniques et la disparition des anciennes entraves réglementaires ont permis la multiplication des éditions et l'augmentation des tirages. Alors qu'on estime la production mondiale à 30 ou 35 000 éditions pour le XVe siècle et à 150 000 ou 200 000 pour le XVIe, elle attei-

---

1. Il ne s'agit pas, bien sûr, de véritables reliures faites à la main, mais de reliures industrielles.

gnait 8,25 millions pour le XIXe siècle, 5 millions pour le premier quart du XXe siècle et maintenant 4 216 500 pour une simple période de cinq ans (1987-1991).

1. **Évolution de l'édition.** – En libérant les métiers du livre, la Révolution française les avait aussi ouverts à des gens sans compétence ; aussi l'Empire dut-il restreindre cette liberté et obligea imprimeurs et libraires à se munir de brevets dont le nombre restait limité ; mais il s'agissait autant d'une mesure policière que d'un aménagement de la profession. L'Empire, la Restauration, la monarchie de Juillet censuraient facilement les publications hostiles à leur politique. La production de l'époque est marquée par l'édition de nombreuses œuvres complètes, destinées à reconstituer les bibliothèques dispersées et à former celles des nouveaux bourgeois ; le financement était assuré par la souscription, système déjà en usage depuis un siècle. Ces importantes publications restant peu accessibles à la petite bourgeoisie, la multiplication des cabinets de lecture répondit à leurs besoins, mais on y trouvait surtout des romans. C'est aussi l'époque du premier romantisme ; Ladvocat et Renduel sont les éditeurs principaux de la nouvelle tendance littéraire. Vers 1830, l'édition française connaît des difficultés ; les livres, qui coûtent cher à cause de la faiblesse des tirages, s'écoulent mal, alors qu'ils doivent faire face à la concurrence des contrefaçons belges. Aussi essaie-t-elle de se renouveler.

Elle rend les livres plus attrayants en faisant appel à l'image, et plus accessibles en les débitant par livraisons, c'est-à-dire en cahiers séparés, vendus sous une couverture imprimée. Ainsi des ouvrages qui valent 10, 20 ou 30 F se vendent mieux par livraisons de 10, 20 ou 30 centimes et réussissent à atteindre des tirages de 10 à 15 000 exemplaires. L'initiative du libraire Gervais Charpentier abaisse aussi le prix du livre ; en 1838, il lance une collection in-18 à 3,50 F le volume (soit le quart des prix alors pratiqués) et publie en quelques années 400 volumes où l'on trouve les meilleurs auteurs contemporains ainsi que des classiques. Suivant la même voie, Michel Lévy crée, en 1851, une collection à 1 F, publiant aussi de bons auteurs. Pour faire face à leurs problèmes, les professionnels s'organisent. À l'exemple de la *Börsenverein der Deutschen Buchhändler,* fondée à Leipzig en 1825, plusieurs éditeurs parisiens créent, en 1847, le *Cercle de la librairie* pour défendre leurs intérêts communs ; les auteurs s'étaient groupés, en 1837, en une *Société des Gens de Lettres.*

La propriété économique du Second Empire favorise l'édition, malgré les contraintes que lui impose la censure (poursuite contre *Madame Bovary* et les *Fleurs du mal*). De grandes maisons d'édition naissent alors ou se développent : Lemerre dans le domaine littéraire, Dunod dans l'édition technique, Delagrave et Colin pour les sciences humaines, etc. C'est en 1852 que Pierre Larousse fonde une maison qui deviendra la première firme française d'édition de dictionnaires et d'ouvrages encyclopédiques. La librairie fondée par Louis Hachette en 1826 se développe ; elle adjoint aux éditions scolaires des collections de plus en plus variées et obtient, en 1852, la concession de la vente des journaux et des livres dans les kiosques des gares.

Hachette publie aussi des livres pour enfants et inaugure, en 1857, la *Bibliothèque rose* que rendent célèbre les ouvrages de la comtesse de Ségur. Il n'y avait guère eu d'édition pour la jeunesse avant le XIXᵉ siècle ; les œuvres de La Fontaine, Perrault, Defoe, Swift n'avaient pas été écrites pour les enfants. Les premiers écrivains à se spécialiser dans ce genre littéraire sont Arnaud Berquin (1747-1791) et le chanoine bavarois Christoph Schmid (1768-1864), l'un des auteurs les plus édités de son siècle. Dans les années 1830-1840, des collections de récits édifiants pour la jeunesse, dont les volumes étaient recouverts de cartonnages polychromes attrayants, se multiplient tant à Paris qu'en province (chez Mame à Tours, Ardant à Limoges, Lefort à Lille, Mégard à Rouen). Le grand pionnier en ce domaine sera l'éditeur parisien Hetzel, qui crée, en 1864, un périodique pour la jeunesse, le *Magasin d'éducation et de récréation,* dont le titre est tout un programme, programme qu'il développe encore en publiant les livres de J. Macé, L. Desnoyers, Erckmann-Chatrian et en révélant Jules Verne. L'œuvre de ce dernier connaît, depuis 1862, un succès qui ne s'est jamais démenti, puisqu'il demeure l'auteur français le plus traduit à l'étranger.

Après 1870, l'édition française poursuit son développement. Cependant une production nombreuse dans un marché mouvant et mal organisé provoque un déséquilibre certain. La suppression du brevet, en 1870, a entraîné une inflation de professionnels médiocres, particulièrement au niveau du détail. Des libraires se spécialisent dans la vente au rabais et les soldes, mais la situation reste bonne pour l'édition technique et les publications de qualité. Au début du XXe siècle, le marché se redresse grâce à une conjoncture économique favorable et aux progrès techniques. L'usage de la linotype et de la monotype se répand, tandis que la photographie envahit le livre, en transforme l'aspect et suscite l'essor de nouveaux types de publications dans les domaines de l'actualité, de l'art, de la mode, des voyages, etc. Très affectée par les deux guerres, la production s'est stabilisée depuis 1960, puis a repris sa progression.

On ne peut citer ici tous les éditeurs marquants de l'époque[1]. Signalons pourtant Fayard qui opère deux révolutions comparables à celle de Charpentier ; il lance, en 1904, le roman illustré à 95 centimes, la *Modern bibliothèque*, qui permet aux meilleurs auteurs d'élargir leur pu-

1. On trouvera des développements sur l'édition française au XIXe et au XXe siècle dans l'ouvrage de Néret cité en bibliographie.

blic et, en 1924, une collection de romans à 2,50 F, illustrée de bois gravés, le *Livre de demain* ; l'éditeur Ferenczi utilise la même formule dans le *Livre moderne illustré*. Le succès de ces collections donne à un vaste public le goût du livre de qualité. Autour de 1900, les jeunes revues se multiplient ; certaines s'adjoignent une maison d'édition, parfois éphémère comme les éditions de la *Revue blanche*, mais deux autres marquent la vie littéraire de ce premier demi-siècle : les éditions du *Mercure de France*, fondées, en 1894, par Alfred Vallette, et celles de la *Nouvelle Revue française*, dont Gaston Gallimard prend la direction en 1911. Plusieurs maisons s'imposent dans l'édition générale ; Hachette crée, en 1898, des messageries qui approvisionnent de nombreux dépôts de livres en publications périodiques et en petite librairie. Il faudrait citer encore Plon, Flammarion, A. Michel, Tallandier et bien d'autres. Au contraire, des éditeurs se spécialisent dans le livre d'amateur tiré à petit nombre. Après la guerre de 1914, la spéculation gâte cette branche de l'édition ; la production devient inflationniste, mais la crise de 1929 met fin à cette vogue qui se termine par des faillites et des soldes. Cette expérience malheureuse n'aura pas servi de leçon, car le même phénomène se renouvelle après la dernière guerre avec les mêmes résultats.

Depuis les décrets de juillet 1793, la loi française protège la propriété littéraire. Reprises plusieurs fois, ses dispositions ont été complétées par la loi du 11 mars 1857 et modifiée par celle du 3 juillet 1895, dont les textes sont regroupés dans le Code de la propriété intellectuelle, institué par la loi du 3 juillet 1992.

On assiste actuellement à une concentration massive de l'édition, tant en Amérique qu'en Europe. Les maisons d'édition sont progressivement absorbées par quelques holdings dont l'activité essentielle est souvent loin de l'industrie du livre et par des groupes internationaux qui règnent sur les médias et l'industrie du divertissement. Ainsi la création littéraire entre en conflit avec la nécessité impérieuse du profit. Aux États-Unis, 80 % des livres sont publiés par cinq « Majors ». En France, deux groupes Hachette et Havas-Vivendi, se partagent plus de 60 % de la production éditoriale.

2. **La presse.** – Cette question est déjà traitée par ailleurs[1], mais on ne peut l'ignorer complètement ici. Trop de gens ne lisent que des journaux et des magazines sans jamais aborder le livre proprement dit. La révolution de la presse au XIXᵉ siècle résulte de plusieurs facteurs. Les progrès de l'instruction primaire, l'élargissement du corps électoral et la concentration urbaine ont multiplié sa clientèle. Caractère essentiel de la presse, la rapidité de la diffusion de l'information est favorisée par l'amélioration des transports et l'apparition de nouveaux moyens de communication. Elle a surtout bénéficié de la conjonction des innovations techniques dans la fabrication du papier, la mécanisation de l'impression et de la composition. Son essor se précise au cours du XIXᵉ siècle avec l'apport de la publicité, la multiplication des nouvelles brèves, des échos et des chroniques, la levée des restrictions législatives en 1881 et l'abaissement sensible du prix au numéro. Ce phénomène mérite une attention particulière en Angleterre (en 1994, 19 753 000 exemplaires pour la presse quotidienne, 19 966 000 pour celle du dimanche), aux États-Unis (en 1993, 58 815 000 exemplaires pour la presse quotidienne, 62 643 000 pour celle du dimanche) et au Japon où le tirage des quotidiens est passé, de 1950 à 1990, de 27 à 71 millions. Quant à la presse quotidienne française, elle décroît régulièrement depuis 1969 :

1827 : *Le Constitutionnel* : 20 000 ; *Le Journal des débats* : 12 000 ; *La Quotidienne* : 6 500.

1848 : *La Presse* (d'Émile de Girardin) : 63 000.

1865 : *Le Petit Journal* à 1 sou (de Moïse Millaud) : 260 000.

1892 : *Le Petit Journal* : 1 million.

1913 : *Le Petit Parisien* : 1 million et demi.

1968 : ensemble des quotidiens : 12 073 000.

1979 : ensemble des quotidiens : 10 509 000.

1993 : ensemble des quotidiens : 9 362 000 (dont 6 724 000 pour la province).

---

1. Voir la note de la p. 95 ainsi que le nᵒ 414 de la présente collection : P. Albert, *La presse*.

Ce déclin est surtout le fait de la presse parisienne, celle de province maintenant à peu près ses tirages. Le phénomène n'est pas seulement imputable à la concurrence des nouveaux médias, mais aussi à la multiplication et à la diversification des périodiques hebdomadaires et mensuels.

3. **Le livre dans le monde actuel.** – A) *Production totale.* – Les statistiques publiées par l'Unesco permettent d'apprécier l'accroissement considérable de la production mondiale du livre en ces dernières années, accroissement dû au développement des jeunes nations, bien que le monde occidental conserve une place prépondérante dans cette production ; de 332 000 titres en 1960, elle est passée à 521 000 en 1975 à 842 000 en 1989. Voici un tableau du nombre de titres publiés dans les principaux pays producteurs de livres. Mais il faut savoir que la notion de livre n'est pas la même partout, et qu'il y a des divergences entre les sources. Il faudrait considérer aussi le nombre des exemplaires, estimé à un total annuel de 5 milliards en 1957 :

	1980		1996
URSS	80 676	Royaume-Uni	107 263
États-Unis	79 676	Chine	100 951 (1994)
Allemagne fédérale	64 761	Allemagne	71 515
Royaume-Uni	48 069	États-Unis	68 175
Japon	45 596	Japon	56 221
France	32 318	Espagne	46 330
Espagne	28 195	Russie	36 297
Corée	20 978	Italie	35 236
Chine	19 109	France	34 766 (1995)
Italie	12 029	Pays-Bas	34 067 (1993)

Viennent ensuite la Corée, le Canada, la Suisse, l'Iran, la Pologne, la Belgique, etc. Il serait aussi intéressant de considérer le pourcentage des livres publiés dans les principales langues si les statistiques de

117

l'Unesco étaient moins lacunaires. On constate néanmoins que, si les langues occidentales continuent d'occuper la première place, leur proportion est en baisse, ce qui manifeste une production accrue du livre dans les pays du Tiers Monde. En 1960, 72 % des titres étaient publiés en Europe et 5,4 % en Amérique du Nord ; en 1986, l'Europe ne publie plus que 54,5 % des titres, mais l'Amérique du Nord, 12,9 %.

B) *Les traductions*. – Elles avaient déjà joué un rôle important dans l'histoire du livre, mais elles se sont multipliées avec les progrès des moyens de communication. P. Angoulvent dégageait ainsi leur signification : « Le livre est le support attitré de l'idéologie d'un pays, son meilleur ambassadeur spirituel... Il est aussi le véhicule naturel des techniques en honneur dans son pays d'origine, l'apologiste de ses mœurs, l'historiographe de ses gloires. Il prépare le terrain à l'exportation des produits nationaux, il sert d'introduction aux hommes et aux choses » (*L'édition française au pied du mur,* Paris, 1960, p. 70). En regroupant les statistiques des cinq dernières années (1981-1985) publiées par l'*Annuaire statistique de l'Unesco,* on aboutit aux constatations suivantes :

a) Part des traductions du français par rapport à l'ensemble des traductions :

1981	4 977	sur	43 841	soit	11,35 %
1982	6 205	sur	52 198	soit	11,88 %
1983	6 084	sur	55 618	soit	10,93 %
1984	5 422	sur	52 405	soit	10,34 %
1985	6 327	sur	53 374	soit	11,85 %
	29 015	sur	261 436	soit	11,09%

La répartition de ces traductions selon les matières et leur pourcentage par rapport à l'ensemble des traductions dans chacune d'elles montrent que c'est en sciences humaines que les ouvrages français se traduisent le mieux :

osophie	2 056	traductions,	soit 15,59 %	de l'ensemble
ux-arts	1 968	—	14,40 %	—
toire et géographie	2 386	—	13,80 %	—
gion	1 861	—	12,25 %	—
érature	15 063	—	11,44 %	—
nces appliquées	2 393	—	9,59 %	—
nces sociales	2 421	—	8,18 %	—
nces pures	689	—	5,10 %	—

b) Principaux pays où sont publiées ces traductions :

	1981	*1982*	*1983*	*1984*	*1985*	*Total*
1. Espagne	1 300	1 599	1 494	1 555	1 585	7 733
2. Allemagne féd.	667	1 021	896	775	715	4 074
3. Italie	436	477	688	57	27	1 685
4. Royaume-Uni	276	272	287	250	256	1 341
5. Portugal	143	368	227	223	209	1 170
6. URSS	171	214	248	261	261	1 151
7. Japon	241	214	212	226	215	1 108
8. États-Unis	257	294	204	192	3	950
9. Brésil	106	50	123	219	446	944
10. Suisse	168	86	190	175	168	887

Les chiffres concernant l'Italie et les États-Unis sont évidemment incomplets. Viennent ensuite la Yougoslavie, le Danemark, la Belgique, la Finlande, la Tchécoslovaquie, la Pologne, la Roumanie, la Hongrie, l'Autriche. Faute de données suffisantes, les Pays-Bas et la Turquie ne sont pas cités.

c) Les auteurs traduits. – Les douze auteurs les plus traduits pendant la période quinquennale 1981-1985 sont Lénine, Walt Disney Production, A. Christie, J. Verne, B. Cartland, E. Blyton, les frères Grimm, Andersen, K. Marx, Engels, Shakespeare et J. London. Si l'on tenait compte des 1 171 traductions de la Bible, celle-ci arriverait en troisième position. Deux grands succès internationaux se dégagent. D'abord celui des auteurs pour la jeunesse ou réputés tels : W. Disney Production, J. Verne, E. Blyton, Grimm, Andersen, etc. Puis celui des auteurs anglo-saxons de romans policiers et d'aventures : A. Christie, A. C. Doyle, A. Mac Lean, E. Wallace, etc. C'est aussi par le roman et, dans une moindre mesure, par le théâtre et la poésie, que se diffuse la littérature de divers pays. Mais la permanence des valeurs sûres est contrebalancée par la vogue des auteurs à la mode.

Par ailleurs, sur 3 821 traductions publiées en France en 1984, 2 485 venaient de l'anglais, 1 407 de l'allemand, 226 de l'italien, 107 de l'espagnol, etc.

C) *La production française du livre.* – Depuis 1980, elle oscille entre 25 000 et 42 000 titres, marquant un progrès constant. La moyenne annuelle passe de 21 945 titres pour la décennie 1977-1986 à 33 454 pour la décennie 1987-1996. Encore ces chiffres sont-ils empruntés à la *Bibliographie de la France* qui procède à des exclusions et à des regroupements.

Pour l'année 1999, la production globale est estimée à 411 millions et demi d'exemplaires, mais les ventes n'en sont que de 333 millions. Le nombre de titres est de 49 808, soit 21 242 nouveautés, 3 243 nouvelles éditions et 25 323 réimpressions. Mais la répartition par titres rend un compte moins exact de la hiérarchie des différents secteurs de l'édition que leur chiffre d'affaires. Celui réalisé par l'ensemble de l'édition française en 1999 s'élève à 14 382 millions, en progression de 0,7 % sur celui de

1998, mais la production de titres et des exemplaires est en légère baisse. D'après les statistiques publiées par le Syndicat national de l'édition, les ventes se répartissent ainsi :

Littérature	2 549 649 000 F
Livres scolaires	2 134 764 000 F
Livres pratiques	2 004 250 000 F
Encyclopédies, dictionnaires	1 600 992 000 F
Livres pour la jeunesse	1 213 590 000 F
Droit et économie	794 114 000 F
Sciences et techniques	773 661 000 F
Sciences humaines et sociales	734 001 000 F
Livres d'art	625 710 000 F
Bandes dessinées	557 636 000 F
Actualité	328 292 000 F
Religion et ésotérisme	300 987 000 F
Documentation	115 438 000 F

A cela s'ajoutent 641 millions de francs de cessions de droits.

Les statistiques de 1999 rendent aussi compte de la structure de l'édition française. Sur 331 maisons d'édition :

46	ont produit	200 titres et plus
13	—	de 150 à 199 titres
10	—	de 100 à 149 titres
37	—	de 50 à 99 titres
125	—	de 10 à 99 titres
100	—	moins de 10 titres

Le chiffre d'affaires de 314 d'entre elles se répartit ainsi :

11	de 250 millions et plus
16	de 100 à 250 millions
19	de 50 à 100 millions
22	de 10 à 50 millions
124	de 1 à 10 millions
72	moins de 1 million

Enfin l'effectif de 331 maisons d'édition s'élevait à 10 708 personnes.

Notons encore que, en 1980, environ 12 000 livres en français ont été publiés à l'étranger, 80 % dans les pays partiellement francophones : Canada, Belgique, Suisse, Luxembourg. D'importantes maisons belges et suisses diffusent largement sur le marché français.

D) *La révolution du livre*. – Le développement des techniques et moyens de communication audiovisuels constitue une concurrence sérieuse pour le livre, mais aussi un facteur d'évolution éventuelle de sa forme. Pourtant la maniabilité du *codex* lui conserve de grandes chances d'avenir. Il est d'accès direct sans l'intermédiaire d'un appareil quelconque contrairement à de nouveaux supports de texte. Quand on parle de « révolution du livre », il faut aussi la chercher dans sa fabrication et sa diffusion. Le livre de poche a justement considérablement élargi cette diffusion.

Le livre de masse est né en Angleterre, en 1935, avec les « Penguin books » à 6 pence[1]. Il s'est développé pendant et après la dernière guerre. Son tirage est rarement inférieur à plusieurs dizaines de milliers d'exemplaires et son prix n'excède jamais le gain d'une heure de travail. Tous les pays possèdent à présent des collections de ce genre. En France, le « Livre de poche », collection commune à plusieurs éditeurs et qui a donné son nom au genre, a publié plus de 6 600 titres depuis 1952, beaucoup ayant connu de forts tirages : *Le Grand Meaulnes* (1963) a dépassé les trois millions d'exemplaires. Il faudrait encore citer les diverses collections « Marabout », publiées à Verviers en Belgique, les collections « J'ai lu », « Le Monde en 10/18 », « Presse-pocket », etc. D'abord destinées à publier « les œuvres ro-

1. On peut considérer comme ses ancêtres la « Bibliothèque des Chemins de fer » de Chaix puis Hachette à Paris (1852) et l' « Universal Bibliothek » de Reclam à Leipzig (1867).

manesques françaises et étrangères les plus remarquables de l'époque contemporaine », ces collections se sont élargies aux textes classiques et aux ouvrages documentaires : « Garnier-Flammarion », « Idées » de Gallimard, « Microcosme » des Éditions du Seuil, etc. La collection « Que sais-je ? », créée en 1941 et avoisinant les 3 600 titres, répond aux mêmes préoccupations. Sur 333 millions de livres vendus en France en 1999, 101 millions appartiennent à des collections de poche. En 1993, un catalogue répertorie 24 100 titres disponibles dans 190 collections. Un catalogue publié en Allemagne fédérale en 1990 proposait 35 000 livres de poche.

La typographie traditionnelle est peut-être condamnée à brève échéance. On a d'abord adapté les bandes perforées aux linotypes et monotypes. Ainsi toujours fournies en bandes par plusieurs opérateurs, ces machines pouvaient donner leur plein rendement. L'électronique, en progrès constant, est ensuite intervenue dans la composition, rendant les machines capables de justifier elles-mêmes les lignes et de couper correctement les mots. Enfin, la lumière est en voie de chasser le plomb. Comme l'impression des illustrations se faisait déjà par l'intermédiaire de la photographie, on s'est aperçu que l'on pouvait aussi utiliser l'image pour l'impression des textes sans avoir besoin de mettre en œuvre la masse des caractères et des lignes de plomb. Les photocomposeuses ont adopté ce principe, telle la *lumitype* ; l'élément essentiel de l'unité photographique est un disque portant près de sa circonférence l'image transparente des caractères et tournant d'une façon régulière ; les photocomposeuses de troisième génération sont capables de traiter 3 000 signes à la seconde, soit plus de 10 millions à l'heure. L'impression elle-même a évolué et de nouvelles techniques sont apparues : laser, jet d'encre, transfert thermique, thermique direct.

Le développement continu de l'informatique et des procédés électroniques implique une évolution profonde du livre et de l'édition. Il n'est guère d'ordinateur qui ne soit couplé à une imprimante et le traitement de texte permet de procéder à des programmes d'édition de type PAO (publication assistée par ordinateur). Mais l'écran est en voie de prendre la place du papier. La numérisation ne sert pas seulement de réplique à des textes existant sur d'autres supports pour mieux garantir leur conservation et leur diffusion, mais elle fournit aussi des documents primaires et originaux sans autre équivalent. Les périodiques numériques sont en croissance exponentielle et l'on parle de plus en plus de bibliothèques numériques, voire de bibliothèques virtuelles. Cela génère des inconvénients. Certains sont d'ordre juridique, mais il faut souligner aussi l'instabilité des textes qui circulent sur le réseau, souvent manipulés et restructurés. Enfin l'irruption de l'édition électronique pose de sérieux problèmes aux éditeurs du monde entier ainsi qu'aux auteurs, et le développement du commerce électronique du livre risque de léser la librairie traditionnelle.

On comprend que, pour M. Mac Luhan, l'intrusion de l'électronique dans l'imprimerie n'ait pas que des incidences techniques. Elle ne met pas seulement en cause la typographie, mais aussi notre manière de travailler et, au-delà, nos modes de pensée : « L'adoption de nouveaux outils va provoquer de grandes transformations dans la conduite et les propos ordinaires de l'homme. » Il met en opposition l'âge visuel de l'écriture et de la typographie, qui a modelé depuis des siècles nos attitudes mentales, et l'âge de l'électronique, caractérisé par la simultanéité et la forme orale de l'expression.

Face aux nouveaux médias, le livre conserve pourtant ses chances, comme le rappelait, au festival de Nice de 1969, Louis Armand, que nous citerons pour terminer : « Le livre a perdu son monopole un peu comme le chemin de fer. Mais regardez ce qui se passe pour ce dernier. On aurait pu imaginer que l'avion, l'automobile entraîneraient sa disparition. Il n'en est rien. À côté de l'encombrement des routes, les trains permettent d'arriver à l'heure... Les ondes ne sont pas moins encombrées que les routes. Autrefois, les gens souffraient de pénurie d'information, aujourd'hui, c'est l'inverse... La chose imprimée reste indispensable pour qui veut être responsable de son information, avoir une attitude active devant la culture. Dans ce monde baigné d'ondes et d'images, le livre présente un effort personnel et salutaire. »

BIBLIOGRAPHIE

Audin (Marius), *Le livre,* Paris, 1924-1925, 2 vol.
Blasselle (Bruno), *À pleines pages. Histoire du livre,* Paris, 1997-1998, 2 vol.
Brun (Robert), *Le livre français,* Paris, 1969.
Dahl (Svend), *Histoire du livre de l'Antiquité à nos jours,* Paris, 1967, 3e éd.
Encyclopédie française, t. XVIII : *La Civilisation écrite,* Paris, 1939.
Escarpit (Robert), *La révolution du livre,* Paris, 2e éd., 1969.
Febvre (Lucien) et Martin (Henri-Jean), *L'apparition du livre,* Paris, 1971, 2e éd.
Hamman (A. G.), *L'épopée du livre du scribe à l'imprimerie,* Paris, 1985.
Histoire de l'édition française, sous la direction de H.-J. Martin et R. Chartier, Paris, 1982-1986, 4 vol.
Le livre au Moyen Âge, sous la direction de J. Glenisson, Paris, 1988.
Martin (Henri-Jean), *La naissance du livre moderne,* Paris, 2000.
Néret (Jean-Alexis), *Histoire illustrée de la librairie et du livre français,* Paris, 1953.
Rouet (François), *Le livre. Mutation d'une industrie,* Paris, 2000.
Schottenloher (Karl), *Bücher bewegten die Welt,* Stuttgart, 1968, 2 vol.
Widmann (Hans), *Der deutsche Buchhandel in Urkunden und Quelle,* Hamburg, 1963, 2 vol.

Dans la collection « Que sais-je ? » :

Martin (G.), *Le papier,* 1990, 5e éd., n° 84.
Albert (P.), *La presse,* 1991, 9e éd., n° 414.
Higounet (C.), *L'écriture,* 1997, 10e éd., n° 653.
Malclès (L.-N.), *La bibliographie,* 1989, 5e éd., n° 708.
Escarpit (R.), *Sociologie de la littérature,* 1992, 8e éd., n° 777.
Pallier (D.), *Les bibliothèques,* 2000, 9e éd., n° 944.
Terrou (F.), *L'information,* 1995, 8e éd., n° 1000.
Martin (G.), *L'imprimerie,* 1993, 8e éd., n° 1067.
Letouzey (V.), *La typographie,* 1970, 2e éd., n° 1101.

TABLE DES MATIÈRES

Imprimé en France
Imprimerie des Presses Universitaires de France
73, avenue Ronsard, 41100 Vendôme
Juin 2001 — N° 48 250